戦争は犯罪である

加藤哲太郎の生涯と思想

小松隆二

春秋社

目次■戦争は犯罪である　加藤哲太郎の生涯と思想

第3章　戦争は犯罪である——109

［付記］

本文中の加藤哲太郎の文章の引用は《 》で示す。

［ ］内のページは、『私は貝になりたい――あるBC級戦犯の叫び』（春秋社）からのものである。

戦争は犯罪である

加藤哲太郎の生涯と思想

プロローグ　戦争犠牲者への鎮魂歌「私は貝になりたい」

幻　影

目を閉じると、濁りなく澄んだ海底の岩場が脳裏に浮かんでくる。そこには小さな貝が棲みついている。清らかな青い海流が静かに漂う安全な岩場である。よく見れば、その貝は自分なのだ。なんと穏やかで幸せそうな表情をしているのだろうか。戦争も、暴力も、破壊も、そして死刑もない。そんな平穏な情景が幻のように脳裏に浮かんでは消えていく。

死刑の判決を受けてから、彼はよくそんな自分の姿を幻影のように思い浮かべることがあった。自分が今、現実に置かれた立場とは正反対の情景なのだ。

彼の名を加藤哲太郎という。

その彼は、ついちょっと前に、極東国際軍事裁判（東京裁判）で死刑の判決を言い渡されたばかりだった。今も「被告を絞首刑（デス　バイ　ハンギング）に処す」と宣告した裁判官の低い声が彼を苦しめている。

思い返すと、一九四八（昭和二三）年一二月二三日、横浜市にある横浜地方裁判所を接収した第八軍軍事法廷（特号法廷）における判決の日のことであった。太平洋戦争の末期に新潟俘虜収容所長の任にあった被告の哲太郎は、裁判長の死刑判決に愕然とする。予想していた判決とは大きく隔たるものであったからである。

たしかに所内では、俘虜収容所の所長は死刑になるという噂が飛び交っていた。しかし、まさかと思っていた。どう考えても死刑に値する罪は犯していないという確信があったからだ。

哲太郎は捕虜を管轄・処遇する俘虜収容所に勤務したことで、捕虜の不満を買い易い立場にあった。そのため、ある程度、有罪の可能性があることは覚悟していた。ただ同じ俘虜収容所関係の先輩や上司の比較的軽い判決を知って、死刑の可能性はないと考えていた。その予想を踏みにじられ、改めて全身を打ちのめされたように手足が効かなくなり、頭の中は真っ白になってしまった。

一九四五（昭和二〇）年八月一五日を境に、日本は一変した。国中の全てのことがすっかり変わってしまった。政治や行政も、経済や生活も、教育や学校も、また社会的諸活動のあり方や価値観も、大きく変わった。とりわけ哲太郎個人の立場・身辺は天と地の差があるほどの激変に見舞われた。

太平洋戦争の間、四年近くになるが、哲太郎は召集されて、国のため、天皇のために上から命じられるままに与えられた職務に精励した。ところが、そのお蔭で終戦と共に、一夜にして暗転、戦争犯罪人のレッテルを貼られる立場に追い落とされてしまう。終戦までの国への忠誠と奉公を理由に、警察に追及され、追われることになった。

警察は、戦時下には国への忠誠と奉公、そして忠君愛国・反社会主義の思想や理念を国民が守るよう監視・抑圧する立場にあった。それなのに戦後は、格別の処罰も、また国民に方針転換の自己批判や釈明もないまま、ついこの前まで「鬼畜米英」と敵視していたアメリカなど連合軍の配下に入った。あげくは、戦時下に国のため忠誠と奉公を尽くしたゆえに戦争犯罪人とされた者を追及、逮捕し、連合軍に引き渡す立場に変わった。

哲太郎も警察に逮捕され、連合軍に引き渡された。それから時間をおかず短期間で、軍事法廷で死刑を言い渡されたのだった。

それは哲太郎個人の力ではどうすることもできなかった。政府や行政としては、敗戦国として誰かを犠牲に差し出さない限り軍事裁判も戦後処理も終了しないので、トカゲのしっぽを切り落とすように、現場にいた末端の兵士たちを多数犠牲に供したのだった。そこには日本国・

日本軍によって翻弄された朝鮮や台湾出身の兵士も多数含まれていた。

それ以来、哲太郎は、戦時中に自分は何をしたというのだろうか、また自分をこのような境涯に落とし込んだ政府をはじめ、政治・行政・軍部の責任、そして戦争とはいったい何であったのか、その現実と本質を改めて自問し、考えを突き詰めてみた。

BC級戦犯の境涯

哲太郎は、学生時代から会社員時代にかけて徴兵検査を受けさせられた上で、自由な市民生活を奪われて召集された。後は命令や指令のまま第一線で一兵卒として職務を遂行する。自分の意思・考えには関係なく、ただ命令されるままに国家のため、天皇のためにと業務に従事し、精励してきた。

英語と中国語ができるということで勤務を命じられた俘虜収容所でも、そのほとんどすべてが国、軍、そして上からの命令や指令であった。それに対し、命じられるまま忠実に職務を遂行した。ただ、戦争末期に近づくほど、食糧・医薬品・物資などが上からの支給だけでは不足した。そのため、彼は捕虜たちのために自らも駆けずりまわってそれらを確保するよう努めることもした。

ところが、敗戦と共に、状況や認識が一変する。俘虜収容所の所長というだけで戦犯の烙印を押され、重罪人扱いされることになった。俘虜収容所など現場で敵対する戦勝国側の兵士と直接触れる業務の場合、上から命令されて対応したのに、しかも低劣な国の処遇基準を超えてまで対応したのに、そこに少しでも捕虜の不満・不興を買う処置・言動があったりすると、戦犯のレッテルを貼られた。しかも、死刑や重罪に処される者まで出てきた。

もっとも、俘虜収容所関係でも、最も責任の重いはずの上層部の者は軽い処罰ですんだ。また、俘虜収容所の設置、運営、処遇等の政策を立案、実施、命令した政治家や官僚は、ほとんどが罪を逃れていた。彼らの命令のまま動いた結果、苦境に立たされた多くの一般兵士のＢＣ級戦犯に対して、彼らは責任を果たすどころか、自らの責任を棚上げにして、むしろ現場の戦犯に対する追及に協力していたのである。

その戦犯に対する軍事裁判の特徴の一つは、戦勝国側が一方的に指揮・運営するものであったことである。しかもその一方的運営に対するチェックは基本的には行われなかった。取り調べ、審理、判決における誤り、過剰な重刑、さらには冤罪などが修正されることは、よほどのことがないと難しかった。

特徴の二つ目は、戦争とは何か、戦争犯罪とは何かをしっかり究めないで、戦争の開始や継続に責任のある高い地位にあったＡ級戦犯の裁判よりも、各地で行われたＢＣ級戦犯の裁判に厳しい目が向けられ、結果として重い罪を科せられたことである。

戦争に関する国際法は、戦争を再発しないようにする法の理念や内容整備が遅れていた。そのため、戦争責任など本質的な議論は深められていなかった。むしろBC級戦犯の関わるような各地・各所の現場での扱いが悪いとか、戦前の日本では当り前だった部下を殴るなどの暴力をふるったという具体的事犯に厳しい目が向けられた。特に捕虜の処遇は国際法上厳しく保護されていた。それだけに、俘虜収容所など戦場や現場の近くにいた一般兵士ほど戦犯に問われやすく、かつ刑を重く科されがちになった。

さらに、特徴の三つ目は、そのBC級戦犯は裁判で力点を置かれただけでなく、不公平・不平等に扱われたことである。BC級戦犯は、軍隊では地位が高くなく、責任も軽かった。ただ捕虜など戦勝国側の兵士と直接触れる機会が多くあり、その分不満や不興を買うことも少なくなかった。そのため、戦犯となった人数も多く、A級戦犯に比べて審理の時間や日数が限られ、反論する時間的ゆとりも、自由も与えられなかった。

その結果、BC級戦犯たちは、人権も主張もまともには認められず、納得できないまま絶望の淵に立たされて、ただ死刑を待つだけのひどい扱いを受ける例が少なくなかった。まるで屠殺場に向かって死の行進を強いられる哀れな牛にも似た扱いだった。

哲太郎は、そのような断崖絶壁の危機的状況に追い込まれて、不運を嘆き、憤りに駆られた。しかし、どうすることもできなかった。政治、行政、軍部も、また上官も、責任を末端の兵士に押しつけ、あとは自分を守ることで汲々としていた。

それでも、命がけで国のため、天皇のため、忠誠を誓って業務に精励したのだから、必ず天皇や総理大臣は助けに来てくれる、と最後まで信じていたBC級戦犯もいた。しかし、それはついに果たされなかった。そのため死刑などに値する犯罪行為は身に覚えがないにもかかわらず極刑を言い渡され、納得できないまま無念の気持で絞首台の露と消えた若者も少なくなかった。

不公平な軍事裁判と日本の指導者の無責任さ

哲太郎が慶應義塾大学経済学部を卒業し、社会に出た一九四〇（昭和一五）年頃は、後で考えれば、中国大陸における戦闘も容易には収束せず、むしろ手に余るほど拡大、深刻化する様相を呈していた。さらには、太平洋戦争に向けて戦火がますます激化し、全面化する直前の時期でもあった。

それからほどなく、哲太郎が社会に出て最初に勤務した会社で仕事に慣れてきた頃であったが、一九四一年一二月八日、日本軍による真珠湾攻撃やマレー半島上陸作戦が敢行された。ちょうどその時期に、彼は召集され、出征することになる。

軍務に慣れてきた一九四二年、彼は語学力を買われ、捕虜を収容・管轄する俘虜収容所の業務にまわされる。戦争末期の一九四四年九月には、比較的規模の大きな新潟俘虜収容所の所長に任命され、終戦までの十一ヵ月ほど、その任にあった。

敗戦と共に、俘虜収容所勤務者は戦犯として処罰されるという事態になり、彼も逃亡指令を受け、事態の逼迫を確認せざるをえなくなる。部下には関係書類を処分した上で、収容所を離れるよう指示した。自らは、全責任を負う覚悟で、部下が逃れたのを確認して最後に新潟を離れた。

逃亡にうまく行きそうなあてがあったわけではない。上から逃亡の指令が来ている以上、短時間の判断ではとにかく指令に従う以外に厳罰を免れる道はないと考えざるをえなかった。

逃亡には、学生時代の恩師、友人たちが匿ってくれるなど、そっと支援してくれた。それなしに個人の力のみで三年も逃げ延びることはできなかった。

しかし、警察の厳しい追跡にあい、結局一九四八年一一月九日、東京都下の北多摩郡小平町(現・小平市)小川町の自宅で逮捕され、逃亡生活に終止符がうたれた。

スガモプリズンに拘禁されるや、すぐに横浜の軍事裁判にかけられた。そこで、逮捕されてから僅か一ヵ月ちょっとの猛スピードの審理で、クリスマス前日の一二月二三日、死刑判決を言い渡された。

哲太郎の家族は死刑判決には事実誤認があると、直ちに再審請求に動きだした。軍事裁判は拙速・杜撰さを印象づける上、死刑であれ、一審即決であった。控訴・上告の道はなく、再審請求以外に判決を覆す方法はない。

そこで、家族は、まず哲太郎の大学・中学時代の恩師や学友たち、父・一夫の知友たちに、再審請求の嘆願書への署名のお願いにまわった。

例えば、父の元学友で、戦後すぐに（一九四七年六月）首相に就任した片山哲、同じく元学友で社会運動家・宗教家の賀川豊彦、戦前・戦後と労働運動や消費組合運動に従事、当時は主婦連会長で参議院議員の地位にあった奥むめお等を含め、国内外の多勢の知友から支援を受けた。その点は、戦争の開始にも敗戦にも責任ある政治家、官僚、上級軍人の対応とは違っていた。

同時に、不二子はじめ哲太郎の弟妹たちは、署名など感情に訴えるものだけでは十分ではないと、新潟の俘虜収容所や関係者を訪ね、哲太郎にとって有利な証言や証拠を集めた。

かくして提出された嘆願書を受け取ったマッカーサー総司令官は、心を動かされ、異例のことであったが、再審請求から一週間も経っていない五月一六日、軍事法廷に再審を指示した。

獄中で考えたこと

戦争は犯罪であるか？　この命題を、哲太郎は戦争犯罪人として逮捕され、スガモプリズンに拘留されてからも考え続けた。

彼が召集された一九四一年には、中国でも表面的な平静さとは相違して、戦線の拡大や戦局の悪化が見られた。それに合わせて、普通の現地住民に対しても、敵兵やスパイの疑いがあるというだけで、非人道的処遇や処刑が眼前でくり広げられていた。人間として扱われない状況、敵国の兵士のみか、一般市民まで見下して差別処遇する状況など、人間尊重、隣人愛、自由が通らない現実が戦争の前線ではくり広げられていた。

哲太郎は、そうした場面に居合わせたり、思い出したりするたびに、戦争というもの、また軍隊というものに疑問を抱くようになった。「戦争は犯罪であるか？」と、自問し続けた。

多くの人は、戦争について反人間性・反人道性を指摘し、あってはならないことと認めつつも、「犯罪である」とまでは容易には言わない。しかし、哲太郎は苦悶しつつも、「犯罪である」と信念をもって言い切るまでになっていく。

しかるに、国と国同士、あるいは兵隊同士は、戦闘・殺戮をくり返しても、国際法上は、それ自体が直ちに戦争犯罪として罰せられるわけではない。それでいて、戦いで捕虜になった者をどう処遇するかは、国際保護条約もあって、敵国の兵士といえどもいい加減な処遇はできない。一般市民と同様に、兵器をもたず、戦う意思もない捕虜などは、国際法上も篤く保護されていた。哲太郎も俘虜収容所勤務に際して、上官から国際保護条約等の学習をさせられたほどだった。

しかし、戦況の悪化と共に、国民にも食糧や医薬品はじめ、物資が欠乏しだす状況に、俘虜収容所でも、次第に物資が欠乏しだした。捕虜たちに食糧や医薬品などを十分に確保できなくなっていく。当然、捕虜たちの不満も募っていた。

そういった事態は、所長や所員の責任ではないが、所長としては抛《ほお》っておくわけにもいかない。方々駆けずり回って、物資の入手に努めた。敵国の捕虜だからと虐待するなど、国際法や条約上、できないこともわかっていた。その点、哲太郎たち俘虜収容所関係者にもそのようなルールをないがしろにする考えは全くなかった。

ところが、いったん敗戦国となり、立場が逆転すると、そのような所長や所員の事情や努力は考慮されない。戦犯の裁判でも、特に捕虜の処遇に関しては連合国側の対応も厳しかった。というより、捕虜の処遇状況を戦犯事例の中心に位置づけている、と受けとめられるほど、俘虜収容所関係者には厳しくあたった。

実際に、俘虜収容所のＢＣ級戦犯からは無期懲役や死刑が大量に出ている。むしろ戦犯でも、戦争に責任の重いはずのＡ級戦犯（容疑者）に比べても、また平時の一般裁判に比べても、収容所関係者には戦犯が極端に多く、また死刑など異常に重い判決が下された。哲太郎が東京裁判の実態に対し、戦争の再発を防ぎ、平和を徹底的に追求するという理念や姿勢は弱く、むしろ「報復的」と批判したのも、理由のないことではなかった。

しかも、戦勝国側に一方的に有利に、都合良く裁判は進められた。例えば、世界も、またマスコミなど報道機関も注目する中央で行われたＡ級戦犯には、比較的公平に、時間もかけて寛大に、見方によっては甘い対応がなされた。それに比べて、末端のＢＣ級戦犯には、流れ作業のように先を急ぐべく短期間で、それだけ不公平に審理が進められた。しかも「疑わしきは罰する原則」で。それが東京裁判の戦後処理の実態の一面だった。

哲太郎にとっては、政治、行政、軍部の上層が責任を逃れようとすることへの不満と共に、戦争犯罪が敗戦国側にのみに適用されることも、戦争というものの理不尽さとして納得できなかった。スガモプリズンやシベリア収容所における旧日本兵への虐待、あるいは空襲・原爆投下などによる一般市民への無差別攻撃や殺戮が放置されたのも納得できなかった。

戦争の本質、人間と戦争の関わりなどをあるがまま真摯に見つめ、深く問い詰めていったら、敗戦国のみならず、戦勝国にも罪が及びかねない。人間を人間として扱わないという意味では同じことをやっていても、戦勝国の行為には合法性や賞讃の評価がなされ、敗戦国には犯罪の衣を着せるのが戦後処理の、また戦争というものの本質なのである。

結局、不公平や差別として表面に浮き出た最大のものは、戦争の開始や継続に閣僚として賛成するなど、戦争責任で言えば、はるかに重いA級戦犯（容疑者）に寛大であったこと、また上級将校や参謀などには平気で責任を回避したり、部下に責任をなすりつけたりした者もいたことである。それがしばしば通るのである。多くの軍人から名指しで責任逃れの無責任さを批判された参謀さえいた（亀井勝一郎「文明よさやうなら——巣鴨ＢＣ級戦犯の訴へ」『群像』一九五三年五月号）。

それが戦争の現実である。もともと最も残虐な非人間性が浮き彫りにされるのが戦争であれば、いったんタガがゆるめば、滅茶苦茶になってしまう。上官が部下に責任をなすりつけたり、軍人が民間人を置き去りにし、犠牲にして逃げたりもした。

それを戦争や運命とあきらめるには、罪や負担を押しつけられた末端の兵士、家族、市民にとってはあまりに不合理であり、理不尽であった。しかも、道理や正義も、博愛や隣人愛も通らない戦争が、国の指導者たちによってくり返されてきたのである。

「こんど生まれかわるなら…」

哲太郎は、逃亡先の都下の小平で戦犯容疑者として逮捕されると、直ちに取り調べ・起訴され、軍事裁判にかけられた。それから一ヵ月ほどで結審、「疑わしきは罰する原則」の下で死刑の判決、そして納得できないまま処刑の寸前にまで追い込まれた。

そんな時に、不安にさいなまれながら、戦争という名の下でなら人間性や正義や博愛を否定し、殺人や暴虐を認める人間の世界にはもう戻りたくない、もし生まれかわることができたら、何になりたいかを自問してみた。

戦争という事態になったら、殺人、破壊、放火、謀略、騙しなど、平時の地域社会や人間関係では、最も反人間的で忌み嫌われる残虐な行為が正当化される。むしろ称賛され、積極的に奨励されさえする。人間が人間らしさを放棄させられるに等しく、平時ならまさに発狂状態か重罪犯にあたる行為である。しかも、特に日本では、国・政府の方針が決まれば、国中で上から下までみんながその方向に認識も言動も一元化され、反対や異質な考えや動きは認められなくなる。

実際に、戦場に出ていない者まで、戦場で戦う兵士が、多くの人を殺せば殺すほど、また敵国の戦闘機、戦艦、施設・設備、文化を破壊すればするほど、戦功を上げたと喜び、賞讃する。他国人であれ、同じ人間が殺害されたり、ないがしろにされたりしているという認識はどこかに追いやられてしまうのである。

哲太郎は、人間が人間であることを否定する戦争の狂乱ぶり・理不尽さが許せなくなった。国家の命令で多くの人を殺し、生活やまちや文化を破壊する戦争、それも空襲や原爆投下などで高齢者も乳幼児も障害者も女子も無差別に殺戮する戦争、また沖縄などの戦闘にみられたように、普通の市街地や平静だった農村まで巻き込み、戦う能力も備えもできていない一般住民の生命や生活まで踏みにじる戦争。こういったことを考えると、彼はつくづくいやになった。

そんな理不尽なことを強いられる人間社会には戻りたくない。できることなら、人間社会から遠く離れて住みたい。ふと、澄みわたり、静穏な深い海底の岩場に安心して棲める貝のようになれたらいいなという考えが浮かんだ。その幻想の中にひたると、彼は思わず「私は貝になりたい」とつぶやいた。

《こんど生まれかわるならば、……私は人間になりたくありません。……どうしても生まれかわらねばならないなら、私は貝になりたいと思います。貝ならば海の深い岩にへバリついて何の心配もありませんから。何も知らないから。悲しくも嬉しくもないし、痛くも痒くもありません。頭が痛くなることもないし、兵隊にとられることもない。戦争もない。……どうしても生まれかわらなければならないのなら、私は貝に生まれるつもりです。》〔二七頁〕

哲太郎は、迫り来る死刑の執行を前に、追い詰められた境地に立たされながら、自分の気持や考えをエッセーや論文にまとめ始めた。死刑の危機を脱した後も、囚われの身は変わらず、限られた自由の中で考え、筆を執り続けた。過ぎ去った時代のことを曖昧にしないで、自分なりにきちんとケジメをつけておきたかったのである。

そのようなエッセーや論文をまとめながら、彼は、不本意な殺し合いで、あるいは人間爆弾として特攻・人間魚雷を命じられて、死の強制や恐怖に直面して苦悶した若者たち、真の平和や穏やかな日々をゆっくり味わうこともなく、戦場や死刑台で短い生命・生涯を終えた若者たち、あるいは空襲や原爆投下によって生命や家族を奪われた無抵抗・無防備の一般市民たちに、心から悔やみと哀悼、そしてお詫びと謝罪の気持を抱いた。

平時には絶対に許されない殺戮、暴虐などの反人間的行為、それを認めることで戦争を特権化・特区化する人間社会の不条理に対して、特に太平洋戦争の真の責任者に対して、哲太郎は、戦争が犯罪であると叫びたい気持であった。

哲太郎のように死を突きつけられたり、あるいは特攻・人間魚雷などで死を強制されたりした若者にとっては、英霊だとか、御国のために死んでくれたなどと感謝されたり、讃えられたりすることは何の意味もない。先の戦争が正しい戦争、真に平和を希求する戦争であったのなら、戦没者に〈感謝〉ということは言えるかもしれない。

しかし、あってはならなかった戦争、自国民にも、他国民にも多大な迷惑・損害をかけた戦争であったのなら、〈感謝〉は当たらない。あってはならない誤りの戦争で死んでもらうことになって申し訳がなかったと、まず〈お詫び〉なり〈謝罪〉なりの気持、そして〈償い〉の気持を伝えなくてはならない。

戦没者が望んでいるのは、間違った戦争に突き進み、多くの人に多大な犠牲や不幸を強いた国家の、政治家・官僚の、また上級軍人の感謝や英霊化する言葉ではなく、猛省、そしてお詫び・謝罪・償いである。またほとんど権限も責任もない若いBC級戦犯など一般兵士の裁判における弁護や支援、さらにその後の償いであった。感謝や英霊化されても、戦没者も犠牲者も、遺族も、浮かばれない。

これらの思いを凝集させた「私は貝になりたい」のフレーズとその作品は、哲太郎が処刑の迫る死刑囚の名を借りて、その人の遺書として描き上げた創作である。とはいえ、哲太郎自身の偽らざる気持の表白でもあった。作品が公表されるや、すぐに評論家の亀井勝一郎、ついで脚本家・作家の橋本忍の目にとまった。

亀井は通常では考えられない「私は貝になりたい」という境地に追い込まれた戦犯青年の心情に胸を打たれ、その作品を紹介せずにはいられなかった（亀井勝一郎「文明よさやうなら――巣鴨ＢＣ級戦犯の訴へ」前掲）。

橋本は哲太郎の作品をもとに『私は貝になりたい』というドラマのシナリオを書き上げた。それは、後に哲太郎との間に著作権問題を引き起こすことになるが、テレビと映画で上演され、岡本愛彦および橋本忍両監督の制作とフランキー堺の名演技と共に広く感動を呼ぶことになった。

「私は貝になりたい」は、流行語のように、また戦争のために無念の死、理不尽な死を強いられた若者はじめ、全ての人への、そしてＢＣ級戦犯への鎮魂歌のように広まっていった。

第1章　哲太郎の生い立ち

1　青少年時代

両親のこと

加藤哲太郎は、一九一七（大正六）年二月二一日、父・一夫、母・小雪の長男として東京都北豊島郡高田村大字元高田一四八三番地で生まれた。父三〇歳（一八八七年生）、母二二歳（一八九六年生）の時の誕生である。高田村は、一八七八年に北豊島郡に属すようになり、大正期に入って一九二〇年に高田町、一九三二年に豊島区高田本町を経て、現・豊島区高田に変わる。

一九一七年というと、社会思想の領域でも、また文学、美術、教育など文化・芸術の領域でも、大正デモクラシーの出発に後押しされるように、大きな変化が進められようとしていた年である。たんに従前の延長線上で積極化し、声が大きくなってくるという程度ではなく、芸術なら芸術の領域でも、芸術の本質・意味・あり方を根底から変えようとする新しい視点や理念も、また新しい活動や運動も登場してきた。民衆芸術、具体的には農民文学・労働文学や平民美術の台頭がその例である。

哲太郎の父・一夫も、その頃、労働文学・民衆芸術の先駆者の一人として活動していた。文学・芸術の基底に民衆本位を位置づける新潮流を担って、本間久雄、大杉榮らと対等に渡り合って議論に参加していた。

また一夫は、トルストイアンとして、トルストイの全体像の紹介にも乗り出そうとしていた。トルストイの受容、そしてファンは明治期から見られたが、その著作や全体像の日本への紹介者としては、彼は最も高く評価されていた一人である。

このように、哲太郎は、日本全体が新たな潮流のうねりの中にあり、また父・一夫が結婚後夢を大きく膨らませて、作家、翻訳家、芸術家、思想家として若さ溢れ、希望に満ちていた時に加藤家が授かった最初の子であった。

父・一夫は、和歌山県山中の西牟婁郡大都河村防己《おおつがむらつづら》（現・西牟婁郡すさみ町防己）の農家の出身である。母・小雪は佐賀県唐津の出身で、当地の旧藩主小笠原家の出である。二人は一夫の唐津初訪問中に知り合った。それが縁となり、三年ほどの交際を経て、一九一六年七月、結婚にたどり着くことになる。

一夫が唐津を初めて訪問したのは、一九一三年夏の終わりである。明治学院神学部を卒業して、キリスト者として社会に出たが、そのままキリスト者として生き抜くべきか、それとも興味を持ちだした文学や芸術の道へと思い切り転換し、深く入り込むべきか、悩んでいた。そんな時に唐津を訪問する。

唐津は佐賀県の城下町で、唐津湾に面している。佐賀市からも福岡市からもそう遠くはない。人間の運不運とは不思議なもので、一夫は不安定な精神状態のまま、殊更期待することもなく唐津を訪ねた。そこでたまたま小笠原家の別邸が一般に公開されていたので、そこを見物に行った。その折りに、やがて生涯の伴侶となる小笠原小雪と偶然出会うことになる。

小雪は、小笠原家の子女としての嗜みの他、この時代にはまだ珍しかったバイオリンを相当深く学んだりしていた。一夫はその小雪に惹かれ、人生の煩悶を率直に打ち明けるほどになる。二人は一夫の悩みを共有するようになり、むしろ二人の距離が縮まっていく。若い二人が将来を誓い合うのにもそう時間はかからなかった。

唐津から帰京後、その年のうちに一夫はトルストイの『闇に輝く光』（文明堂）を最初の単行本として出版する。彼はその訳書を小雪に署名を付して贈呈した。小雪はそれを生涯大切に保管していた。以後、一夫は相次いで著書・翻訳を世に問う。そのたびに、小雪に贈った。

さらに一九一五年には雑誌『科学と文芸』を西村伊作の援助と協力で刊行する。

大正に入ると、新しい息吹を込めた新鮮な機関紙誌が各地で躍動しだしていた。臼倉甲子造らの『微光』、上田蟻善の『へいみん』、土岐善麿の『生活と芸術』などである。機関誌の刊行となると、単著の刊行と違い、その世界で社会的地位を認められ、責任を負う一面もでてくる。それだけに、一夫の場合も『科学と文芸』の刊行は、キリスト者としての道をあきらめ、文芸や芸術の道に踏み出し、生涯をかけるまでとはいかなくても、比重・中心を文芸や芸術に置く方向にはっきり進みだした証のようなものだった。

この『科学と文芸』が先導役のように、翌一九一六年になると、理想や夢を自由に追求する若者たちの機関紙誌が陸続と世に送り出される。『トルストイ研究』『詩人』『労働青年』『地上』『貧しき者』『平民医学』などである。

そんな社会動向を背景に一九一六年七月、一夫と小雪は結婚に漕ぎ着ける。小雪と知り合い、結婚に至るまでの喜びと苦しみが最初の出版、最初の雑誌発行など社会に向けた一夫の活動の励み・支えになっていた。しかも、めったにない機会を二人で勝ち取ったという点では、一夫も小雪も、時代や通常の生き方を超えていた。旅先で知りあい、親の反対を押し切って、しかも東京と佐賀の大きな隔たりを超えて結婚に漕ぎ着けたのは、当時では、普通のことではない。

結婚後、ほどなく（一九一七年二月）、長男の哲太郎が誕生する。

父・一夫の社会的活動と関東大震災

長男・哲太郎の誕生は、一夫に家庭に対する喜びと共に、責任感も増幅させた。新しい挑戦の気概を一層大きく持たせることにもつながった。

その頃から、一夫はトルストイへの傾斜をさらに際立たせていく。ついにはトルストイ全集の出版にまで夢が広がる。一九一八年八月、その『トルストイ全集』の出版も視野に、春秋社が創立される。創立メンバーは社長に就任する神田豊穂をはじめ、古館清太郎、植村宗一（直木三十五）ら早稲田大学出身者が中心であった。そこに例外として明治学院出身の一夫が加わることになる。同社に集まり来る執筆者や文人たちも自然に早稲田大学出が多くなった。

春秋社にあっては、創立からそう間をおかずに、『トルストイ全集』の出版が社を挙げての大事業になった。創立メンバーではトルストイに最も近かったのは一夫であり、春秋社内では、一夫が『トルストイ全集』を主として担わざるをえなくなっていく。

それでも、トルストイの全集では、一般には生田長江、昇曙夢、相馬御風らに近い新潮社の方が先行しているように見られていた。ところが、御風が東京を棄て、郷里・新潟の糸魚川へ

「還元」するような出来事もあり、新潮社は一歩後れだした。その結果、後発の春秋社が、同全集刊行第一号の栄誉を担うことになっていく。

その点で、結婚、長男の誕生など家庭的に恵まれた上、春秋社の創立に誘われたこと、そして『トルストイ全集』に関われたことは、一夫の人生にとっては大きなプラスに作用していく。またその頃から、春秋社以外にも執筆や講演の仕事が増え、社会的にも活動が軌道に乗る。社会運動では、一夫は個人誌『一隅より』（一九二〇年一月創刊）、ついで自由人社を組織し、自ら主宰する『自由人』（一九二〇年十一月創刊）等を刊行した。

他にも、『改造』『中央公論』『民衆』『解放』『文学世界』『文章倶楽部』『早稲田文学』『旅行界』『虚無思想研究』『令女界』『主婦之友』『主婦倶楽部』『世界大思想全集附録』『新国民』『いのち』などの一般誌・運動誌への寄稿を続ける。さらに、日本著作家組合への加入、日本社会主義同盟への参加、自由人連盟の結成など、自由人としてアナキズム系中心に社会的活動の幅も拡げていった。

一九二〇年二月には、哲太郎には弟になる與志郎が誕生した。

そんなことで、加藤家が家庭的には安定、充実していた一九二三年九月一日、突然、関東一円が大地震に見舞われる。哲太郎は六歳になり、そろそろ小学校入学が間近になる頃である。彼は地震の瞬間、そしてその直後の巨大な揺れ、家具備品類の転倒、それに伴う恐怖、混乱を体験することになった。

一夫はアナキスト作家、思想家、運動家として名が通るようになっていたこともあって、大震災に伴う不測の事態の発生を憂慮する警察に保護検束される。ただ、警察も混乱の中にあり、東京を直ちに離れることを条件に、彼を釈放する。

そのため、一夫は東京に残って再検束されるのも不愉快なので、持ち運びできないものは坪田譲治に預け、家族と共に必要最低限のものを携行し、大急ぎで自宅を後にした。まず大宮に向かい、関西に向かうことにした。哲太郎はよく事態を呑み込めないまま、崩壊・混乱した東京を離れ、関西に向かう長旅につき合わされることになる。

関西には、民衆派詩人で一夫の旧知の富田砕花がいた。彼を頼りに関西に向かったのであるが、彼は予告もなしの加藤一家の来訪に協力し、迅速に動いてくれた。幸い精道村芦屋（現・芦屋市精道町）に貸家を見つけることができた。

一夫は、この関西の地でも、引き続き文学や思想の運動に従事し、運動機関誌も発行する。思想・運動では、依然としてアナキズム系に属していたが、関西におけるその拠点づくりに貢献することになった。

芦屋に落ち着いてまもなく、東京では社会思想家・運動家の大杉榮・妻伊藤野枝が甥の宗一少年を巻き添えに軍部の憲兵隊によって虐殺される事態が発生した。一夫はその衝撃を日記等に書きとめた。

その頃から劣勢に回りだすアナキズム系では、一夫は重鎮の一人と見られるほどになっていく。ただし、重鎮といっても、大杉榮のように全国的な機関誌を持つとか、運動全体の中心に位置するということはしなかった。彼の性格や彼自身の運動のあり方への好みもあって、個人誌や同人誌的な広がりでの運動が中心となった。その頃刊行する『原始』も当初は個人誌であった。すぐに個人誌を超えて、運動の機関誌に拡大するが、その後もあくまで個人誌的性格を残し続ける。

哲太郎は、一家が芦屋の生活に慣れた翌一九二四年四月、芦屋の精道村小学校に入学。最初の入学が、生まれた東京ではなく、関西ということになった。ただし、この小学校に学ぶのは一年半ほど。そう時間が経過しないうちに、父が関西での活動に見切りをつけ、東京に戻る決意を固めたからである。

生活環境——芦屋から武蔵野、ついで横浜・中山へ

哲太郎が精道小学校に入学した直後の四月、彼にとっては七歳下の妹にあたる不二子が誕生する。不二子は、戦後、哲太郎が戦犯として東京裁判にかけられた時に、その救援に兄弟・妹

たちの中心になって尽力してくれることになる。

一九二五年夏、前期の学期が終わり、次の学期に変わる時に、一家は住み慣れ始めた関西を離れ、帰京することになった。二年ぶりの東京である。哲太郎は九歳になっていた。九歳にもなれば、少しずつ後の記憶に残る年頃だが、哲太郎は、芦屋のことについて交友の続く友人もおらず、記録に書き残すことをしていない。ただ、くり返す引っ越し、汽車による遠距離の移動は、意味もよくわからず相当きつかった。

ただ、幸い哲太郎は手のかからない子であった。成績もまあまあ上位の方で、それを維持する力を持っていた。

東京では、郡下武蔵野村（現・武蔵野市）吉祥寺に落ち着く。そのため、哲太郎は比較的近い明星学園小学校に転入することになった。この頃から、後々まで続く友人とも巡りあえるようになる。恩師、同級生、それぞれの段階でのつながり、出来事などの記憶も鮮明になっていく。戦後になるが、哲太郎の結婚の仲介役のような立場に立つ有馬純勝とはこの小学校で出会い、それ以来の付き合いであった。

父・一夫は相変わらずの生活であった。芦屋以来の運動機関誌『原始』の発行を継続するなどアナキズム系の仲間とのつながりや運動を維持し、同時に生活のために一般誌・商業誌への寄稿、講演なども続けた。

哲太郎はじめ、子どもたちから見る父親像は、いつも机に向かって考えにふけるか、原稿用紙にペンを走らせているか、そんな姿であった。哲太郎にとっても、その印象が鮮明で、大人が机に向かってものを書くのは、自然の姿、日常的な光景に映っていた。自分もモノを書くのは嫌いでないし、いつかそうなるのではないか、という気持がどこかに生き続けていく。

作家とまではいかないが、後に、哲太郎は卒業論文に力を入れて大論文を書き上げるし、スガモプリズンに囚われて時間にゆとりができると、自然に考えたり、ものを書いたりする時間が増えた。その執筆がやがて公表されることになる独特の反戦争論を含む数々の論文・作品に実っていく。知らず知らずのうちに彼も父親に似たことをやっていたのだった。

母親の小雪は、寡黙でむっつりした父に比べて、明るく気さくだった。大らかでもあり、哲太郎にとっても気軽に近づけたし、身近に感じていた。

一九二七年四月には、哲太郎の弟照夫が加藤家の三男として誕生する。兄弟二人の年齢差はちょうど一〇歳。同じ頃、一家は神奈川県都築区新治村中山九九三番地（のち横浜市港北区中山町九九三番地）に引っ越すことになる。田園生活、農村・農業生活に憧れる父の希望からである。同地に土地を得て新築するが、設計は、洋風建築では個性的な味わいを出す大石七分に依頼した。大石は、文化学院の西村伊作の弟で、大逆事件で刑死した大石誠之助の甥である。佐藤春夫の自宅も設計している。

その優雅な洋風の住宅は、六角形のような塔と窓に特徴があり、緑に囲まれた緩やかな傾斜地にそそり立つように建っている。近くを通る人が驚いて立ち止まるほど目立つ外観であった。当時、住宅改善運動を進める住宅改良会の機関誌『住宅』などに人気があったように、また西村、大石兄弟の洋風設計が注目されたように、郊外生活に憧れる風潮があったが、そのブームの先頭を行く設計・住まいだった。

そんな恵まれた住宅環境の下で、哲太郎は中学、そして大学時代を過ごすことができた。後のことになるが、学生時代に時たま遊びに来る慶應の学生たちも、中山の自宅には驚き、感心したものである。

ただ、その新しい住まいのお蔭で、彼にとっては、明星学園での学校生活に漸く慣れ、親しい友だちもできて落ち着いたと思っていたのに、また転校せざるをえないことになってしまう。それでも、引っ越し後も僅かの間は、明星学園に通学し続ける。しかし、当時の交通機関の状況では、やはり横浜線の中山から三多摩まで毎日通学するのは無理だった。やむなく、明星学園中学校から関東学院中学部へ転校せざるをえなくなる。結局、関東学院で中学生活の大半を過ごすことになった。

明星学園時代の恩師、友人とはその後も長く付き合いを続ける。そのお蔭で、後に戦犯として裁判にかけられた際、再審請求の嘆願書への署名で全面的に協力を得られることになる。そして、再審では、中学時代の多くを過ごすことになる関東学院の恩師や友人からも大変世話になった。

こうした友人たちとの付き合いの仕方には、哲太郎の人間関係の維持に対する人並み以上の配慮・力量がうかがえる。スガモプリズン時代の書簡を見ても、家族のみか、恩師等への配慮・礼儀には、自然に特別の気遣いができていたように見える。こうした姿勢に、人間関係を円満に維持する哲太郎の人間性の一端を見ることができる。友人だけでなく恩師を含め、中学時代、さらに大学時代の人間関係を卒業後も広く長く維持するのは、並のものではない。

後にスガモプリズンから、哲太郎は、家族に宛てて《照井先生から手紙が来て色々長く書いてありました、感謝して居ります。及川恒忠先生からも短い先生らしい御便りがありました。同室の人でも誰でも学校の教師から手紙を貰った人は知る限りに於てありません、そういう環境で育った事は非常に感謝すべき事ですね》〔二八一頁〕としみじみと書き送っている。

この中山時代の一九三〇年一一月には、妹の美地が誕生する。父・一夫は、その頃、自らも個人誌（当初は半個人誌）『大地に立つ』を出版したり、農民自治会や全国農民芸術連盟の機関誌『農民』にも協力したりしていたが、自然と大地、そして農村の生活に強く惹かれる生き方・関心が「美地」という命名に反映されたのだった。

翌一九三一年には、満州事変が勃発。その動きを統御できなかった日本政府は、軍部の戦線拡大論をますます抑制できなくなっていく。

大学進学

一九三四（昭和九）年三月、哲太郎は関東学院中学部を卒業した。第十一回生で、一四〇名ほどの卒業生がいた。四月に、一七歳で慶應義塾大学予科（経済学部）に入学。予科は横浜市の日吉にあり、中山からはそう無理なく通える距離にある。保証人は正保証人が父・一夫、副保証人が慶應義塾大学医学部教授の藤浪剛一。のちに保証人は一人となるので、学籍簿には藤浪のみが保証人として記載される。当時の慶應義塾長は小泉信三であった。

予科時代は良く学び、スポーツにもよく打ち込む生活ぶりであった。成績は、三年間A組で、平均四五名くらいの中で一〇位前後を維持したので、ほぼ一貫して上位のほうにいたといってよい。

一九三七年四月、彼は慶應義塾大学経済学部に入学、専門課程の学生になる。当時の慶應では経済学部に進学するのは、文系では主に成績上位者であった。

専門課程は東京の港区三田にある。クラスは予科に続いてA組で、担任は財政学の永田清であった。戦後NHK会長にも就任する人である。同級生は九〇名ほどで、一クラスの人数は多かった。その中には後に三菱商事社長や慶應義塾評議員会議長にも就任する三村庸平などがいた。

在学中、一九三七年、三八年、三九年と、哲太郎は徴兵検査を受けるが、在学中で徴兵は猶予、延期扱いとされる。

その間、入学直後に、盧溝橋事件が勃発し、日中戦争が本格化した。その後、哲太郎の学生時代を通じて中国戦線は拡大し、抑止困難な方向に進んでいく。一九三八年には、国家総動員法の導入、産業界での産業報国運動の始動と拡大が見られる。いずれも、国際関係の悪化に対応する動きであり、事態は次第により深刻になっていることをうかがわせた。

それでも、哲太郎はそんな規制、さらに抑圧的な流れや動きに多少懸念を持ちながらも、さほど影響を受けることなく、学生時代を享受した。時代の悪化の中にも、マルクス主義の著作もまだ読むことができたので、手に入る古典的な文献は読むようにした。

スポーツは、一時期空手やテニスに好んで打ち込んだ。本科に進んでからは中国に興味を抱き、卒業が近づくと卒業論文も中国をテーマに選んだ。

一九四〇年三月、哲太郎は慶應義塾大学経済学部を卒業する。卒業論文は中国の塩業論であった。テーマが中国研究のため、学部を超えて法学部教授の及川恒忠の指導を受けることになる。

及川は中国に留学経験もあり、「支那経済事情」や「支那地理」の講義も担当していた。法学部長（一九四二年〜四六年）、水泳部長・ホッケー部長なども歴任するが、戦後の哲太郎の逃亡にも、また逮捕後の軍事裁判でも支援をしてくれた一人である。

なお哲太郎の卒業論文は、卒業後に『中華塩業事情』と題して出版されることになる。ただし、同書は、もともと論文に着手する時から、及川教授の紹介で河北塩業会社課長の住吉信吾の指導を受けていた。出版に際しても、改めて同氏の協力を得て、卒業論文にさらに手を加えてまとめなおされ、著者名も哲太郎個人ではなく、住吉・哲太郎の共著として刊行された。出版社は父が主宰していた龍宿山房で、父は同書の「序」も、刊行に至る経過も、中国にいて多忙な哲太郎に代わって筆をとっている。父が子息の論文の出版にこだわっていたことがうかがえよう。卒業後一年半後の一九四一年十一月の刊行であった。

同書は、慶應義塾大学経済学部の研究機関誌『三田学会雑誌』第三六巻第二号（一九四二年二月）に紹介され、学術書としての評価を得ることになる。書評の担当は稲垣正信で、一四頁にも及ぶ本格的な論評であった。「本書は従来部分的に行はれた中華塩業研究の成果と多くの統計資料を利用されつつ実際に携はれる著者の経験と理論に基いて之を発展させ、将来の中華塩業政策の基礎を包括的に論ぜられたもので此の方面に於て極めて大なる貢献を与へられた」と、高い評価を与えている（なお『三田学会雑誌』におけるこの書評では、住吉信吾は住谷信五となっている）。

哲太郎が慶應に在籍した一九三〇年代が、戦前日本において学生が本分・本務である教育をきちんと受け、勉学に打ち込めた最後であった。ほどなく大陸での戦争のみか、日本軍がアメリカ・ハワイの真珠湾を奇襲攻撃することから、太平洋でも日米戦争が全面化するからである。アメリカ合衆国を中心にした連合国軍の日本への反撃は予想以上に迅速で強力だった。南方や北方の島々への攻撃・制圧によって、本土への空襲は日増しに激しくなっていく。すでに一九四〇年以前にも、女子の総動員体制まで検討されていたほどなので（『戦慄！　空軍——空襲に備へよ　婦人総動員時代来る』東京日日・大阪毎日新聞社、一九三七年）、日本の立場はさらに苦しいものになっていく。実際に、その後ますます日本は押されつづけ、戦局は悪化の一途をたどっていた。

その影響で、学生・生徒も大学・キャンパスでは次第にまともに教育を受けられなくなる。大学生から中学生まで、学校・教室にいるよりも、勤労動員で工場や農村の田畑で勤労奉仕に明け暮れる日々になっていく。同じクラスに属しながら、名前は知っているのに、顔を合わせたことがない学生が多くなるという異常な事態が常態化した。

なお哲太郎の卒業する頃、一家は中山から川崎市小杉八三三に転居することになる。せっかくの素晴らしい住宅であったが、経済的理由で一〇年ちょっとで手放さざるをえなくなってしまう。戦争の拡大と共に、出版業も経営が厳しくなり、春秋社からの収入、さらに父・一夫自身の印税・原稿料収入があまりあてにできなくなったためだった。

それでも哲太郎としては、関東学院の中学時代、そして慶應義塾の学生時代に、まさに時代の先端を行く洋風住宅を満喫することができた。

2　社会への巣立ち、そして召集

北支那開発会社に就職

慶應義塾大学を卒業した哲太郎は、その年（一九四〇年）の四月に、大学における研究との関連もあり、北支那開発株式会社に入社した。会社からは、まさに卒業論文で得た知識・情報と能力が期待されたもので、哲太郎から見たら、卒業論文で学んだことどもが活かせる会社だった。

指導教授からは大学に残って、研究者になることも打診された。しかし、経済的理由からすぐに自立せざるを得ず、就職することにした。恩師にはそういった事情を説明し、北支那会社を選んだ。《大学に残らないかといわれましたが、長男の私は父の執筆制限→無収入の事情では三十円ではやってゆけません、理由を言ってお断りしました》［一二四頁］。

この辺の判断は冷静で現実的である。若い頃は、先のことはそれほどきちんと計算もしないで決断することもあったが、思想家・運動家の父が戦時下にあって、無収入に近い状態になってしまった。そのため母が家計のやりくりに苦労しているのを見て、これ以上両親に迷惑をかけられないと考えざるをえなかったのである。

当時、北支・満州は、若者にとって不透明・不安定ながら、政府・行政の巧みな宣伝もあり、魅力ある土地だった。哲太郎にとっても、満州開発には期待するものがあった。学生として日本から見ている限り、現地における反日感情・反日運動、そして戦局はそれほど厳しいものとは思えず、むしろ自分の能力を活かせる土地と見ていた。会社も、日本の国策にあわせた大規模会社であり、けっして悪い就職先とは考えていなかった。

その北支那開発会社は株式会社なのだが、国策会社であった。日本の満州への進出・開発に合わせて設立されたこともあり、急速に拡大、膨張していく。創立は一九三八（昭和一三）年一一月、資本金は三億五千万円。当時の大企業に匹敵する資本規模である。本社は東京・日比谷の旧第一生命ビル、のちに平河町の万平ホテルを購入して、そこに移転する（『北支那開発株式会社之回顧』槐樹会編集・刊行、一九八一年）。

そのように創業してまだ二年しか経っていない国策会社に入社した哲太郎は、入社後、半年経ったところで、北京への赴任を命ぜられた。船旅で北京に渡るが、もともと新入社員は全員北京で研修を受けることになっていたので、心の準備はできていた。

《北支那開発株式会社に入社しました。そして半年後には北京勤務になりました。これがひどい会社でした。有名私立大学卒各一名、帝大も各一名、東京帝大だけが残り全部という新人社員の構成でした。東京にいたときは諸手当を加えて百三十円以上にはなったのですが、それでも帝大出より五円安かったのです。東京帝大出の新人社員のお粗末なこと！　勤務中は勉強すらするでもなくウトウトとして過ごし、仕事が終わると急に元気になり、たとえば剣道をやる連中は眼光一変します。……テニス、野球も同じでした。私はテニスをしましたが……運動後に必ず行った、つい目の先のドイツホテル（独国飯店）のビールの甘かったことは忘れません。》〔一二五頁〕

大学の助手よりも遙かに高い給料で、初めて実家の家計に協力することもできた。研修の期間中は、北支を広く見物・視察旅行にも連れて行かれた。日本では想像もつかない雄大な光景や景観に驚かされたりもした。政治的不安・治安の悪化は始まっていたものの、無限に広がる大地に夢や希望を託せるような期待も出てきて、不安な気持と交錯した。

哲太郎は研修を終えると、七月、北京支社（北京市東城東交民区）に赴任を命じられる。産業部塩業課への配属であった。

現場で仕事をするようになると、社内の空気が自由で明るいことに気づいた。それだけ会社として伸びているということである。ところが、社会状況・政治状況が意外に厳しく、そう甘いものではないことが次第に分かっていく。戦線・戦場の拡大、戦火の激化、犠牲の増加は、軍部の当初の予想を超えていた。

北京やその周辺でも、日本および日本人を取り巻く環境は厳しくなっていた。満州における支配力、中国における影響力も不安・不安定さを覗かせていた。満州はじめ、中国への進出、開発も表面上はともかく、現実は安閑としたものではなく、軍隊の力で辛うじて表面的平穏さを維持しているだけだった。日本への抵抗・非協力、日本人への不信や反発の冷たい目がいたるところに光っていた。

そのように緊迫化する国際関係を受け止めて、一九四〇年には、一方で大政翼賛会が発足、戦争政策を批判した斎藤隆夫の衆議院からの除名、日独伊三国同盟の成立、他方で戦争遂行に障害となりかねない労働組合、農民組合などの解散、結社禁止もそれほど抵抗なく進められた。もっとも、労働運動も、それ以外の社会運動も、すでに後退、そして右傾化を進めていた。

父・一夫らが関わりをもつ余地もなくなっていた。

時代はもう少し遡るが、東大教授の河合栄治郎のように二・二六事件はじめ、軍部や時流に批判の声を上げる者は、徹底的に弾圧された。いわゆる河合栄治郎事件（一九三八年）に巻き込まれ、著書の発売禁止、公務からの追放などの処分を受けた。その後、軍部・警察の力が一層強まる流れに、個人はもちろん、市民運動や社会運動も全く対抗できなくなっていく。

そんな中で、哲太郎は会社の本務に精励するだけでなく、日本人会など日本人との仕事や付き合いも大切にした。危険・不安の中にもあっという間に一年が経過した。

翌一九四一年、哲太郎にとって社会に出て二年目の年、小学校の国民学校への改組、政治の翼賛体制化、若者の徴兵・動員の拡大、兵役期間の延長なども実施された。早婚・多産も奨励されるなど、矢継ぎ早に一般市民まで巻き込まれる戦時体制の強化が進められた。

同年一〇月には東条内閣が成立。それに続いて十二月八日に、日本軍はアメリカ・ハワイの真珠湾に奇襲攻撃をかけた。同時にマレー半島の上陸作戦も敢行。戦火が大陸からにわかに太平洋の広域にまで広まり、総力を挙げても対応しきれないほど戦線は拡大、複雑化する。むしろ一気に日本を泥沼の中に引きずり込むことになっていく。当然、米英との関係は極度に悪化し、日本の国際的孤立をさらに深めることになった。

ほどなく日本本土は空襲で戦火を避けえない事態に陥っていく。その空襲の拡大・強化に見られるように、日本の劣勢、敗色が急速に強まっていった。哲太郎の身辺も慌ただしくなっていく…。

召集、戦地派遣から俘虜収容所勤務へ

一九四〇年代が進行するなか日本を取り巻く国際関係の急変、深刻化と共に、真珠湾攻撃直前の一九四一年八月、哲太郎は召集を受けることになる。世田谷の野砲兵連隊に入営するが、落ち着く間もなく、中国大陸に派遣された。

その後、幹部候補生となり、一九四一、四二年と、日本と中国を往来するうちに、宇都宮へ転属、予備役陸軍少尉となる。そこでは新兵の教育係として、野砲と弾薬車を操縦する訓練なども行った。

この間、上官から激しい殴打を受けることも珍しくなかった。入隊直後は、何も知らず、上官に問われるまま、正直に召集を受けるまでは大学に学び、卒業後は会社員であったことを口にするだけで、《「何っ?! 会社員だ?」。次の瞬間、私は滅多打ちにされていました》〔一二八頁〕といった具合である。また現地の中国人に対する一方的な扱い、非人間的な扱いも見聞、体験した。

昇格の話もあったが、あまり興味がなかった。というより、軍隊というものが肌に合わない気がした。特に人殺しの先導役、現地の人たちをいじめるような上役になるのは嫌だと思った。幹部候補生の試験では、そんな気持もあって、白紙で答案を出したが、合格にされてしまう。幹部が不足していたので、最初から合格予定者に入っていたのである［一二八頁］。

ほどなく中国語や英語の才能が見込まれ、東京・大森の東京俘虜収容所の仕事を担当させられることになった。それが捕虜を担当する最初で、以後終戦まで、それが本務となる。捕虜の保護は国際法でも厳しかったので、真珠湾攻撃の直後に、俘虜情報局官制が敷かれ、陸軍省が管轄、翌年には同省に俘虜管理部が置かれた。

一九四三年になると、日立の日本鉱業にある東京俘虜収容所の分所（日立第五派遣所）の開設と共に、その所長に任ぜられる。同時に新潟第五分所長などを兼務、管轄することになった。日立の後は、東京の収容所の実質的な所長に任ぜられた。そこには五〇〇人もの捕虜が収容されていた。

当然ながら、その頃は《これが私のB級戦犯になる運命であろうとは露知りませんでした》［一三〇―一三一頁］という認識しかない。哲太郎は、そんな仕事に従事するうちに、国内における外国人捕虜の実態、管轄・監督のあり方を学び、身につけた。

一九四四年になると、戦況はますます厳しくなっていく。日本本土へも空襲は激しくなり、マリアナ沖海戦の惨敗、サイパン島守備隊の全滅、インパール作戦の大失敗と大量の犠牲者の発生など、次から次へと悲報が届けられた。

国内では、文部省が軍事教練の一層の強化、大学の就学義務年齢の引き下げ、学徒動員を拡大していたことが、戦況の悪化を裏づけていた。

その年の九月、哲太郎は、新潟俘虜収容所所長を命じられる。地位も中尉に昇進。大陸や太平洋諸島における戦線では一方的に押されつづけており、劣勢が明らかになってきたことは、国内にいる哲太郎にも分かるほどになっていた。

本土では、全域が空襲の対象になり、軍事施設か否かに関係なく無差別に空襲が拡大していた。戦争がどんどん深みにはまっていること、抜けだすに抜け出せない泥沼に、政府、政治・行政、軍部・軍人のみならず一般市民、それも女性や子ども、また高齢者までも引きずりこまれていくことがわかった。

その頃、かつての学友の中には、二度と生きては帰れぬ覚悟が必要なフィリピンや南方の島々に送り出される者もいた。ちょうど同じ頃、フィリピン戦線では、米軍の攻勢に劣勢を強いられ、危機感を募らせていた軍は、零戦部隊に爆弾を装備させてアメリカの部隊・艦隊・戦闘機に向けて体当たりする人間爆弾となって自爆攻撃する特攻を実行しだしていた。もっとも、自爆も、自爆という用語も、もっと早くから使用されてはいたが。

中国戦線では産業報国運動が本格化する一九四〇年頃には、戦争の激しさは増す一方で、戦死者も召集者も靖国詣も、どんどん増加していた。子どもたちまで、父の戦死に「お父さんは、天皇陛下の御為に、笑つて死なれたのだ。其の名誉あるお父さんの後継が僕だ」（山口義弘「靖国の父に」坪田譲治編『銃後綴方集・父は戦に』新潮社、一九四〇年）などといった作文を日常的に書くほどになっていた。その頃、空中戦などで飛行機が被弾したり故障したりすると、帰還せずに敵陣に向けて自爆攻撃するようになり、壮烈な自爆などと高く讃美する報道もなされている。ただ、上から命じられ、最初から帰還を認められぬ人間爆弾として自殺行為の自爆をする特攻は、もう少し戦争末期に近づいてからである。

その特攻第一号とされる敷島隊五人が神風特攻隊として大きく賞讃、報道されたのは、哲太郎が新潟に赴任した直後であった。彼も新潟でその特攻第一号の報に触れた。戦況がますます厳しくなっていること、本土とて楽観は許されなくなるであろうことは十分に推測できた。

こんな具合に、後から振り返れば、彼が新潟に赴任した一九四四年九月頃にはすでに、日本の状況・戦況は極端に悪化、一時的な劣勢ではなく、末期的症状を呈していたのであった。それだけに、当時は南方や大陸の最前線に送られた者に比べて、国内に留まれたことは何と幸運であろうか、と自身も家族も神に感謝したい気持にもなった。その分、張り切って職務にも精励した。

捕虜関係の職務に就くにあたっては、捕虜の処遇を定めた国際条約（ジュネーヴ協定）等を急ぎ学習させられた。当時、日本は同条約に調印はしたものの、批准はしていない。それでも、条約を遵守するように対応することは当然と思い、上からもそのように指示を受けていた。

しかし、実際には俘虜収容所では日々の食糧の確保もままならないことがすぐに分かった。肺炎などの病人が出ても、薬が確保できないこともあった。意図して捕虜の処遇レベルを下げているわけではないのに、食料品・生活物資・医薬品・資材が上から定期的に安定して提供・補給される状況ではなかったのである。被収容者から見たら劣悪な処遇、虐待ととられかねない現実だった。

そのため捕虜たちの生活をいかに守り、維持するかは所長にとっては大仕事であった。日々三食きちんと用意することはもちろん、精神的・文化的側面でも可能な範囲でサービスを工夫したものだ。ギターやハーモニカを調達、提供したり、日本人とのつながりなどにも配慮した。哲太郎の妹たちも、時々兄の慰問に収容所を訪ねたが、そのたびに捕虜たちを呼んで、そういった西洋楽器の演奏を所望したり、また妹たちを彼らに紹介して、家族的雰囲気を味わってもらうようにしたりした。また慰安会・演奏会があれば、アメリカ人が多いときはフォスターの曲など、アメリカの歌を演奏するような配慮も行った。

それでも、問題は残り続けた。新潟収容所は《日本最大の収容所》［一三四頁］であったが、まともな処遇はできていなかった。彼が所長に就任した前年には、六〇人以上もの死亡者をだすなど、いろいろな問題があって、改善が必要であった。多数の死者が出たのは、冬に《食糧不足、重労働、ストーヴがなかったから》〔一三六頁〕という極寒・飢餓が原因というお粗末ぶりだった。

《規則では、俘虜は日本兵と同じ待遇》〔同上〕が定められていたし、哲太郎もそのことを承知していた。実は国際赤十字からも、新潟捕虜収容所の査察要求が出されていた。そのためもあって、改善をはかる役割を負わされて、哲太郎は所長に任命されたのだった。就任後、ストーヴを設置したし、身体検査などは廃止した。

捕虜といえば、精神的に不安定な者、規則や指示に従わない者など千差万別で、他方、収容所の兵士や職員にしても、砂糖をくすねる者、飲んだくれなど、いろいろな者がいる。上からは、捕虜たちの作業能率を高めるようにといった、現場の実情を知らない勝手な指示や命令がくることもあった。そのような状態で、俘虜収容所の運営・維持は大変だった。哲太郎のアルコール量も増えていった。

敗戦・逃亡

こうして本土にいる哲太郎から見ても、日に日に戦局が悪化していることが肌身に感じられるようになった。新潟俘虜収容所の方も、その運営・管理、捕虜の処遇の安定的維持は困難を極めていた。なにしろこの収容所は大所帯であり、雪の多い寒冷地でもあるのでなおのこと、捕虜たちの納得する安定的管理・環境・処遇は難しかった。

戦局の悪化と共に、食料品・医薬品など物品の調達の状況はとくに厳しくなっていく。所長として最大限の努力をしても、捕虜たちが最低限納得する内容のサービス提供さえ困難になっていく。それでも陸軍刑法に触れるのも厭わず、捕虜処遇の最低限の確保・維持に努めようとするも、もはや食糧でさえ、十分な確保は難しい事態となっていたのである。

捕虜の中には、そんな処遇に「われわれは絶対に勝つ。そのときは、お前たちはただではすまないぞ」とまで言う者もいた。それに対して、《英語のわかるインテリ軍人たちは、戦況が日に日に悪化する中で、次に来るものを覚悟して暮らしていました》［一一一頁］と、収容所関係者も、日本の敗北濃厚な状況を見据え、不安の中で業務をこなしていた。

そのようになすべきことも十分にできない欲求不満のうちに、一九四五年八月一五日を迎える。戦争が終わったのである。無条件降伏だった。日本国中で緊張の糸がゆるみ、一方で解放感・自由があふれ出し、他方で混乱・混迷も始まった。

地方や一般国民にはすぐに的確な情報は伝わらなかった。新聞・雑誌以外に市民と直接つながる報道機関といえばラジオのみの時代である。しかもＮＨＫ（日本放送協会）だけ。放送網の整備もなされず、受信するラジオの性能も悪い時代だった。

かくて陸軍の捕虜担当部署や俘虜収容所は大変な事態に混乱に陥るばかりだった。中央の責任部署からは的確な連絡・指示・指導はない。各部署・各収容所の判断で動く以外になかったのである。

新潟俘虜収容所にも、的確な情報や指導は容易に入らなかった。ただ八月二〇日に陸軍の俘虜収容所責任者の名で、関係書類の破棄、特に捕虜と関係を悪くしている兵士・職員は逃亡するように、という指令が届いた。それによって、俘虜収容所関係者が極刑に処されるということがたんなる噂ではないと判断し、哲太郎は捕虜の処遇業務に区切りをつけ、部下には上からの指令を伝え、安全地帯に逃れるよう指示、自らも残務整理を終えると、新潟を離れ、逃亡した。

戦後、戦争処理・再建にあたる日本の指導者たちとしても、占領軍との関係では戦犯の問題は最重視せざるをえなかった。開戦に関わった東条内閣はじめ、その後を引き受けた内閣の閣僚たちを筆頭に、戦争犯罪人の処理・処分なしには、戦勝国などとの国際関係も、また国内の再生・再建も進められない。日米開戦を決めた東条内閣の閣僚など戦争に責任の重い者はA級戦犯、その他、地方や各地・現場の戦犯はBC級戦犯とされた。

戦犯に関しては、捕虜の虐待問題は当初から重要な戦争犯罪の一つと受けとめられていた。ポツダム宣言にも明記されていたので、その認識は日米両国の指導者に共有されていた。

にもかかわらず、俘虜収容所関係者は、一般的にはそれほど強く戦争責任や戦犯の認識は持っていなかった。自らすすんで俘虜収容所に勤務したわけではなく、上からの命令・指令のまま動いていたからである。また、敗戦と共に急変した戦後すぐの時代状況に適切に対応するすべもなく、動くに動けないといった状況だった。

もちろん、逃亡などということに関して、末端の現場にいる兵士個人ではその結果の良し悪しの判断などはできない。この種の指令が陸軍の担当部署から来れば、どの俘虜収容所も浮き足立つ状態になる。上層から逃亡の指令が来ることはよほどのこと、と考えるのは当然だった。

戦争が終わり、捕虜の世話もこれで終わり、漸く家族のもとへ戻れるかとほっとする間もなく、俘虜収容所関係者は、あっという間に暗転、逃亡を強いられる事態に直面することになった。その結果、追われる身となり、明るい場には出れない、身を隠す日陰者の生活に陥ることになる。

実際に、一九四五年末に向かうにつれ、俘虜収容所関係者の逮捕が実行された。上から逃亡指令が出たこともあり、逃亡者はかなり出ていた。戦前・戦中と聖戦遂行に向けて市民を誘導し、市民に戦争協力を強いた警察は、戦後ただちにアメリカ占領軍・連合国軍の傘下に入り、占領政策の協力者に変貌。そして、同じ戦争推進の一機関である俘虜収容所関係者を厳しく追及しだしたのである。

そして、戦後すぐ警察に対しても連合国、特にアメリカ合衆国の指示・指導で、改革の手が加えられかけた。戦前、社会運動・平和運動・社会思想などを抑圧し、国民生活から自由な空気を奪った公安・特高の廃止と公職追放、警察の地方制度化などの改革は試みられたが、あえなく失敗に終わる。警察全体への公職追放も不徹底で、短期間で解除されてしまった。その結果、戦前のあり方への反省も改革も十分にはなされず、多くは戦前の延長上で再出発することになる。哲太郎と家族は、その追及の標的になってしまう。

3　結婚・逮捕・裁判

逃亡者

新潟を離れた哲太郎は、まず両親・弟妹たちが疎開していた埼玉県大里郡明戸《あけと》村（後・深谷市明戸）の自宅を訪ねた。まだ警察が動きだす前であろうと考え、安全を確信した上での帰宅である。家族みんなに事情を話し、別れを言うためだった。

多少の不安はあったが、何とか家族とは安全のうちに会うことができた。ただ、短い時間で切り上げ、別れを交わし合わざるをえなかった。

それでも哲太郎は父母たちに会えただけでも、うれしかった。みんなに別れを告げる時は辛かったが、不安を与えず、元気であるところを印象づけるように、また迷惑をかけないように行く先も告げず自宅を出た。最後まで長男らしい落ち着いた素振りを見せていたが、心のなかでは泣いていた。平和が到来したのに、その平和からはじき出され、家族とさえゆっくり会えない。この先どうなるか、全く読めない。今これからだって、哲太郎自身どこに行くべきか、確かな当てがあるわけではない。また訪ねても、受け入れてもらえるかどうかもわからない。そんな不安な気持を隠しながら、明戸を離れたのだった。

その後、家族は疎開先から川崎・新丸子の自宅に戻るが、そこに警察が家宅捜査にやってきた。哲太郎が訪ねて来た後、しばらくしてからであった。しかも家族は、中原警察署と高津警察署に呼び出され、哲太郎の行く先がわかっているはずだと、強引な取り調べも受けた。

哲太郎の二人の弟、輿志郎と照夫は一ヵ月、また母・小雪と妹の不二子は三週間と、長期に渡って警察に拘留された。戦後の自由なはずの時代にそぐわない、ひどい扱いであった。まさにアメリカなどの威光を借りて嵩にかかるやりかたで、人権などへの配慮のない戦前のままの取り調べだった。下の妹の美地のみは、病弱の父・一夫を看病するということで帰宅を許された。

加藤家は、戦前は社会主義者・アナキストとして警察の監視下にあり、警察に抑圧され続け、今度はアメリカ中心の占領軍の協力者に豹変した警察に追及されることになる。警察とはどうにも相性の悪い一家だった。

このように、家族との対面は、いつやってくるか分からない警察の影に怯えながらの束の間に終わった。その後、哲太郎は、まずは恩師や友人のところに別れの挨拶を兼ねて回ることにした。

恩師も友人たちも、予想以上に同情的・協力的であった。事情が事情だけに長居はできないが、短期間ずつ滞在を許してくれるなど心配してくれた。戦犯とされたものの、必ずしも本人個人の責任ではないことが理解されていたので、匿えば自分にも危険が及ぶことになろうとも、恩師・友人たちは予想以上に好意的であった。

卒業論文の指導を受けた慶應義塾大学時代の恩師及川恒忠教授を神奈川県二宮在の自宅に訪ねると、屋根裏部屋でよかったらしばらく居たらどうか、と寛大な申し出を受け、甘えて一ヵ月も居候することになる。迷惑がらない恩師の腹の大きさに、ついつい長居をしたのだった。今後どう逃げ通し、生き抜くか、心構えをしっかり固めるのには役立った。

東北では、仙台近くに帰農していた軍隊時代の上司・岡崎元大尉の下に匿ってもらい、半年ほど開墾に従事した。

また大学時代の友人が各地で哲太郎を受け入れてくれた。九州、四国、広島などにもまわった。市長や村長関係者もいて、支援してくれた。地主で、大きな家を構えており、しばらく滞在させてくれた人もいた。しかし、やはり長居は危険だ。特定の地に長くとどまることはしなかった。

それでも、その後も、迷惑をかけることになるとは思いつつ、知友を訪ねてはそれぞれの土地・まちで世話になる。彼らの協力を得て、仕事にありついたりもした。いずれも短期間の滞在を心掛けつつ、好意に甘えた。

しかし、いかに逃げのびようとも、ただ転々と移動し、短期間滞在させてもらうだけでは、安定はもちろん、収入を得るのも容易でなく、先が見えない。そこで、どこか安全な場所を探し、ある程度落ち着く必要を感じていた。

友人たちにこれ以上迷惑はかけられない。どこか安全な土地に落ち着き、継続的に収入を得られる仕事を見つけなくてはならない。一日の終わり・仕事の終わった後に戻ることのできる場が保証されるところ…。ともあれ、今までは一日を終えて寝床に就くとき、今日も無事であったと神に感謝しつつ眠ることになるが、やはり落ち着かなかった。それがいつまで続くのか、不安でしかたがなかった。

しかし、当然のことながら、国や警察を相手にした逃亡生活では、安心・安全の土地、そして仕事は容易に見つからなかった。

結婚、束の間の幸せ

このように哲太郎は、東京、神奈川から、東北、中国、四国、九州へと逃れまわり、その土地々で通訳など与えられる仕事はなんでも引き受けた。選り好みする余裕はなかった。知人がいなくて仕事にもありつけないときは、土木作業などの日雇いで収入を確保し、生き延びた。

そんな不安・不安定な逃亡生活の後、結局、東京に戻った。

それから《神奈川県の間組の出張所に潜り込みました》〔一一三頁〕。その頃は西村善男の名前を使っていた。戦後の焼け跡・荒廃の中で戸籍が消失している役所もあり、それを利用して西村名義の戸籍をつくっていたのである。

そんな《ある日、私はフラフラと小学校時代の旧友、有馬純勝君を訪れました。彼が厚木の付近に住んでいるはずだったからです。……有馬宅には、まだ警察の手は廻っていません。彼が上海から帰還したばかりだったからです。私は指名手配の重要逃亡戦犯五人中の一人で、私の逮捕には、懸賞金さえかかっていました》〔一一三―一一四頁〕。自分を取り囲む、そういった厳しい状況も知ることができた。

哲太郎の生き方として、恩師や友人を大切にし、交友関係が長く続くという点が特徴であると前に述べたが、有馬とも、まだ幼かった小学校時代の友人なのに、住まいがお互いに離れていても、その時まで付き合いが続いていたのである。

その有馬の家で、哲太郎はある女性に出会うことになる。有馬夫人の友人で、農芸専門学校の学生であった。名前を戸塚福子といった。その女性に関する最初の頃の印象を《園芸の実習で日にやけた、健康そうなズボン姿のつつましい女子学生でした》［一一四頁］と回想している。

二人の交遊は、短期間に進展し、結婚に漕ぎ着けることになった。当初は《まさか、三十歳の日傭い人夫の雑役とは結婚する気も起こらなかったでしょう》［同上］と思っていた。しかし、逃亡の身とはいえ、大学も卒業した知性が哲太郎から消えてしまったわけではなかった。哲太郎の福子を得たいという真剣な気持が通じ、しかも全ての事情を打ち明けた上で納得してもらい、結婚することになる。見つかれば逮捕される危険な事情にも、福子は《かまいません。それまでの日を有意義に暮らしましょう》［同上］と応えてくれた。

追われる身の危険のなか、しかも明日をも知れぬ日陰の身では、時間をかけてゆっくり熟すのを待つこともできない。二人は将来も生活のことも、性格や好みも十分に確かめ合うゆとりもなく、夢中で結婚に漕ぎ着けた感じであった。特に将来など語り合うゆとりもない境遇での付き合いであり、結婚であった。

福子の方は家族も親戚も結婚に反対した。育ち、家族のこと、経歴などを隠し、天涯孤独の一人っ子と説明されれば、福子の家族が反対するのは当然とも言えた。それでも、福子は結婚する意思を変えなかった。哲太郎もせめてもと、《配給の酒と煙草を人に売って、ささやかな一泊旅行の旅費を作って》［同上］新婚旅行に出かけた。

正式に結婚したのは一九四八年春。先の引用のように《三十歳の日傭い人夫》と記したり、また《私は上司に頼んで、旧姓のまま、妻も同じ間組の炊事婦に傭ってもらいました。……同じ建物に住みながら、縁もゆかりもない他人行儀の暮らしが（昭和）二十三年の春までつづきました》〔一一五頁〕と記したりしている通りである。その間組での哲太郎の仕事は《通訳とディスパッチ事務》〔同上〕であった。

新婚生活

結婚した直後、哲太郎と福子は、東京都下・北多摩郡小平町（現・小平市）小川町に住まいを構えた。

小平は関東平野の西方に位置するまちである。国分寺市、小金井市、立川市、東大和市、東村山市、東久留米市に囲まれて、四方どこまでも平らな地形がつづく、ほぼ全域が平野である。昭和初年から津田塾大学、東京商科大学（現・一橋大学）、公立昭和病院等、公的機関・施設を誘致するなど、他に先行して文化・学術を重視するまちづくりに着手してきた。

市の地理・地勢は若干の高低をもって左右・東西に広がっているが、その東西に玉川上水が長く伸びている。各所で用水が枝分かれして、まち全体に水と緑を供給している。そのお蔭で、小平は水路とそこにかかる橋、また林道・雑木林のまちを印象づけている。その林道は、季節の変化にあわせ、新緑、深緑、紅葉、白い雪を抱く枝葉と、味わいを添えて市民の心を和やかにしてくれる。

現在の小平市内では、小川未明、野口雨情、壺井栄、伊藤整、柳宗悦、河井酔茗（詩碑）、富安風生（句碑）ら多くの文化人が眠る都立小平霊園、小金井カントリークラブも有名である。また、かつては都下では大学の最も多い市として、文教都市のイメージも強い。

その中で、小川はやや北西寄りに位置し、東村山市や東大和市と境界を接する地域である。小川駅には西武国分寺線と西武拝島線が交差している。小川村開拓碑（一九一八年）のある神明宮、武蔵野美術大学、白梅学園、創価学園なども小川の一角に位置している。

今でもそれほど拓けた方ではないが、七〇年ほど前の小川なら、駅前は見るからに田舎まちで、ちょっと歩けば、田畑や森林が広がっていた。特に戦前は、養蚕農家も多く、桑畑がいたるところにあった。

むろん店舗や住宅は少なかった。それだけに、警察の動きは鈍いかもしれないが、他方で新参者は目立つ危険性もあった。

こうして、農村の面影を多く残す小川の駅周辺であればこそ、その分、哲太郎たちは土地も安く手に入れることができた。そこに小屋のような二間、二室の小さな持家を建てることができた。資金は間組を辞めた退職金や衣類を売ったお金でまかなった。二人は「お城」と呼んでいたが、実は小屋のような普請である。それでも、光のあたる表舞台に出れない二人にとっては、真に「お城」に値するほどの意味があった。

ともあれ、予想もしなかった女性の出現で、哲太郎は家庭を持ち、自宅まで手に入れることになった。彼としては、不安は去らないものの、絶望感を払い除け、生きる希望の湧く思いであった。いつ崩れ落ちるか分からない日陰の幸せではあったが、彼にとっては、小平での生活は、毎日毎日が天から与えられた貴重なプレゼントのように思えた。

短期間ながらこの小平のまちにおいて結婚生活を経験できたことが、逮捕後の哲太郎の生き方を希望のあるもの、張りのあるものにしてくれた。その後のスガモプリズンの劣悪な生活にも耐えることができたし、自分は幸せであったと小平での生活を振り返ることもできたのである。

哲太郎は、自分を《僕は何とも申し上げる立場でないのですから単なる人格と自由を奪われた囚人》〔一五七頁〕や《不孝者》〔一六〇頁〕、あるいは老いつつある両親に何もしてあげられない身を《本当に不孝な僕》〔一八一頁〕と嘆いたり、卑下したりしつつ、同時に死刑の判決にもかかわらず、《然し、僕は幸福だったと密かに満足して居ります。肉親の愛、夫婦の愛は死刑囚ならでは本当に判らなかったでしょう》〔一四八頁〕とまで言う。そのように、はかなく、ささやかな幸せではあったにもかかわらず、小平時代を素直に喜び、感謝していたのである。

それほどに哲太郎にとっては、暗澹とした不幸のどん底にありながら、結婚生活を送れた小平のまちは格別に懐かしかった。スガモプリズンから家族に送った書簡（一九四九年三月一付）に、《小平の事を今考えて居りました》と記し、小平時代を歌った短歌も書き送っている［一七二頁］。

妻の出す袋を手にし足軽に小川の駅に出るに出たれど
三合の石油買ひて妻に渡すいと小さけく我を思ふ日
冬迫り妻の着物を捨売りし外套二着出したる夕べ

これらの歌からも、傍らに妻が寄り添う幸せ、しかし出口の見えない不安な気持もどこかに潜んでいる様子が伝わってくる。

同じ書簡に《考えは自ずと皆さんの方に、拘束なき娑婆の生活に飛んでいくのです。楽しかった思い出の数々、美しい夢です》［一七〇頁］とある。この「思い出の数々」「美しい夢」にも当然、小平時代は入っていた。というより、小平のこと・小川のことが一番新しい出来事でもあり、「美しい」「思い出の数々」の中に最も多く入っていたのではないか。

それに、小川で生活しだした頃には、俘虜収容所関係者の裁判の結果も出始めていた。哲太郎の関わる《第五分所のかつての部下たちが一律に五年の刑で済んだ》［一一三—一一四頁］ことも分かってほっとした。ただ不愉快なことは、《下に重く上に軽いのが戦犯裁判でした。その後のことですが、俘虜管理の最高責任者、俘虜管理部長○○中将はたったの八年で済みました》［一一五頁］といった戦犯処遇の不公平さや差別も知らされて、不愉快な思いもしていたのである。戦犯の扱いにしても、戦争に対する責任・罪の所在や深さを真剣に探りだし、戦争を根絶するという理念に立つのではなかった。トカゲのしっぽ切りのように、表に見えやすい部分に焦点をあわせて、その部分だけを切り取り、厳しく処罰するやり方だった。そのため、敵国の兵士や捕虜と直接触れ合う現場の一般兵士が戦犯と報復・厳罰の主たるターゲットになったのである。

「御用！　神妙にしろ！」

哲太郎は、巣鴨刑務所から妻・福子に手紙を書くときは、よく「最愛の妻」と呼びかける形をとっている。当時の彼としては本心からそう思っていたので、そう呼ぶ以外になかったのであろう。彼にとっては、自分のように条件の悪すぎるところに嫁いでくれる女性の存在は、考えられなかった。しかるに、そのような女性が目の前に現れた。夢かとばかり、一日一日を大切に過ごす気持で臨んでいた。それだけに、結婚を受け入れてくれ、日陰の共同生活を決意してくれた福子は、まさに「最愛の妻」に値した。

その後の二人の新婚生活、逮捕後の出産と家庭の維持、獄中にいる自分への支えに対しても、彼は妻に感謝いっぱいであった。その気持の表われが、日本人にはキザにもとられかねない「最愛の妻」といった表現となったにちがいない。

哲太郎がそのように不安と微かな希望の中で、日陰の生活を送っていた時にも、戦後の混乱・混迷はなお続いていたが、時代は確実に新しい方向に動いていた。新憲法の施行、労働組合の法認、生活保護法や児童福祉法など国民の権利を認める社会福祉・社会保障政策の前進、また戦前には考えられなかった社会党の片山哲が首相となる連立内閣の成立、かつて赤化教授として大学を追われた鈴木義男の司法大臣就任などが相ついだ。そんな国民の権利や自由が拡大している中にも、哲太郎は国に忠誠を尽くしたにもかかわらず戦犯の汚名を着せられ、戦後の新時代から排除されたまま苦悶していた。しかも、哲太郎を追及する警察は、小平の哲太郎たちの住居に標的を狭めていた。

ささやかな幸せが終わりとなる日が刻々と近づいていた。警察は執拗に哲太郎を追っていたのである。

一九四八年十一月九日、小平の住み家に警察が踏み込み、哲太郎は逮捕された。哲太郎夫婦は、都心を離れた小平の片隅なら、もしや警察の目が届かず、見逃がしてもらえるのではないかという淡い期待を持っていた。それが一瞬のうちに崩壊したのである。

半年ちょっとの結婚生活であった。短いといえば短いが、逃亡の身にある哲太郎にとっては、考え方によっては、半年も結婚生活を維持できたのは、かけがえのない幸せであった。その短い半年の間にも豊かな思い出が沢山あり、それを持ってスガモプリズンに入ることができたからである。

哲太郎は、その逮捕の日のことを次のように回想している。

《昭和二十三年十一月の或る夜の八時頃、七、八人の私服刑事たちが、〝お城〟を取り囲みました。……

「加藤哲太郎御用」「神妙にしろ」「御用、御用」とばかり映画の時代劇のような掛け声をかけながら、背広をきたマッカーサーの犬どもが踏み込みました。まったくひどいものでした。妻は大きな腹をかかえていました。おそれていたその日がついに来たのです。かねての覚悟か、彼女は少しも取り乱さず、曳かれて行く私に細かい心づかいを示しました。》［一一六頁］

警察に踏み込まれた時は、さすがに瞬間的に驚愕した。哲太郎にとっては、不安の中にも、一日一日がないがしろにできない充実した日々であった。それが警察の闖入により一瞬で幕が下ろされた。覚悟はしていたものの、やはり愕然とした。

かくして哲太郎の小平での生活は終わり、スガモプリズンの生活が始まる。長女祈子《のりこ》が誕生する直前で、哲太郎は、いわば地下生活者に子どもが授かることを心から感謝し、出産を楽しみにしていた。しかし、子の誕生を見ることなく逮捕され、家庭から切り離されてしまったのである。

このあと、福子は出産のため、小平での一人住まいは無理になり、哲太郎の両親の住む東急・東横線の川崎市新丸子に移る。ほどなく、長女祈子を無事出産した。

しばらくすると、福子母子は、福子の実家に戻った。天涯孤独と紹介されていた哲太郎との結婚を家族から反対されて、福子は実家の両親たちとは疎遠になっていた。幸い、長女の出産を機に、関係が修復の方向に向かい、実家の方も受け入れてくれたのである。

ある牧師の回想

哲太郎の逮捕のことが、その日の夜のラジオのニュース番組で報道された。

お国のためにと、上から命令されるままに勤務に精励しただけなのに、あたかも国賊や非国民、あるいは凶悪な刑法犯のような扱いであった。

そのニュースを聞いた人の中に、内川千治がいた。内川は哲太郎の父・一夫の旧知で、戦後長く丸の内聖書研究会を主宰していた人である。

氏によると、自宅のラジオで哲太郎の逮捕のニュースを耳にして驚いた。とうとう「哲ちゃんが逮捕されたか」と、哲太郎、そして加藤家のことが心配になった。もう少し逃げ通してくれたら、日本の占領が解け、哲太郎も自由になれるのではないかと考えていたが、そうはいかなかった。その日は秋にしては寒い日で、ニュースを聞いた途端、内川は心まで寒々としてきたので、その夜のことは忘れられず、よく記憶していたのである。

それから一ヵ月後の死刑判決の日には、内川も法廷に出かけた。哲太郎のことは小さい頃からよく知っており、その後の成長ぶりも頼もしく見ていた。哲太郎逮捕後も、よく気を配り、加藤家を支援していたし、哲太郎の裁かれる横浜の軍事法廷にも支援のため、傍聴に出かけた。

判決後、閉廷になると、みんなで哲太郎のもとに歩みよった。不二子が哲太郎に好きなタバコを差し出し、吸ってもらった。近くにいるMPも止めなかった。死刑の判決直後であり、見て見ぬ振りをしたようだった。しかし、すぐに哲太郎は引き立てられていった。法廷の窓辺に寄ると、護送用のジープが見えたので、父・一夫に「哲ちゃんが見えますよ」と窓辺に呼んだ。哲太郎が護送車に乗るところだった。…そんなことを内川は後々まで覚えていた。

死刑の判決後、内川は、死刑判決を取り消す再審の嘆願書に署名するなど惜しみなく協力した。

ちなみに、内川はキリスト者ではあるが、社会主義者・アナキストとの交流も深い。特に賀川豊彦らキリスト教社会主義者とは親密な付き合いをもっていた。実は彼は、長野県東筑摩郡明科町の出身で、同郷の先輩に望月桂がいた。望月とは大変親しかった。明科でも東京でも、兄のように思って付き合っていた。社会主義者との付き合いは望月を通したものであった。

望月は、民衆本位の美術である平民美術の日本における最初の唱道者で、かつ実践者であった。民衆美術論では理論的にも実践的にも高く評価される人物である。

また望月は、社会運動にも関係するが、民衆美術論を最もよく受けいれてくれたアナキズム陣営に属した。そのため加藤一夫とも知り合う仲になる。またアナキズム系の中では最もよく知られたイデオローグ・大杉榮との共著（『漫文漫画』アルス、一九二二年）もあるが、暑さの中で上半身裸で机に向かう大杉を描いた望月の「ある日の大杉」（水彩・軸、一九二〇年）は傑作としてよく知られている。

内川は、望月らの運動にも寛容な視点に立っていたのだが、そうした交流の輪のなかに加藤一夫もいたのである。特に一夫が元牧師であったことで、加藤家とは家族ぐるみの付き合いで親しみを感じていた。内川は、哲太郎逮捕の報に来るべきものが来たと、加藤家を包み込む不安・危機を心から心配していた。

しかし、個人の力では国家権力や占領軍に対抗する術もなく、内川は残念でならなかった。それだけに再審の嘆願書への署名集めなどに可能な限り協力するものの、あとはキリスト者として祈る以外になかった。

第2章 スガモプリズンの死刑囚
国家によって戦犯とされた人たち

1 戦犯というレッテル

哲太郎の人柄

加藤哲太郎は、一夫と小雪の長男として愛情を注がれて育った。中学、大学を通して、ガリ勉タイプではないが、勉学は嫌いではなかった。人並み程度には勉学に打ち込んでいた。それも、上から注意されてではなく、自発的に取り組むタイプだった。成績はだいたい上位の一員に入るほど。当時、経済学部に進んだことは、慶應義塾大学では成績がある程度良いという証拠でもある。

それに読書好きでもあった。中学に進むと、すでに昭和恐慌が進行していたが、父の影響もあって誰もが親しむ教養書に加えて、社会科学、社会主義関係の本も読み出した。というより、父の姿を見て育って、意識して社会主義関係の本は読むようにしていた。

ただし、哲太郎が社会主義文献に触れる頃には、社会主義運動は大きく後退していたし、父もアナキズム陣営と距離を置き始めていた。それだけに、彼は社会主義やアナキズムに特にひかれることはなかった。また父がアナキズムを離れて日本主義・天皇主義に傾くことに違和感を覚えるほど思想に深入りするまでには至っていなかった。

そんな調子で学生時代を終えるが、子どもの頃から大学を卒業するまで、哲太郎は、両親にとっては手がかからないどころか、目に入れても痛くないほど可愛いい息子であった。父・一夫が、哲太郎の卒業論文『中華塩業事情』の刊行にこだわり、自ら経営する出版社で公刊に漕ぎ着けたのも、大学の指導教授の評価が高かったこともあるが、そんな長男への思い入れ・愛情の表われをうかがうことができる。その点で、哲太郎の最初の著書の刊行は、本人よりも父の執念の賜物と言えるものだった。

弟妹たちも兄を敬い、慕っていた。頼りになる兄であり、何事も任せて安心できる兄であった。哲太郎も弟妹の面倒をよくみた。巣鴨の獄中から書簡で弟妹に話かける際にも、一人一人に細かな注意を与えたりしている。

すぐの妹で長女の不二子には、《不二子さん、君には大変御苦労をかけて了いました。本当に有難う、君の様な妹をもって僕は幸福でした。昔はケンカばっかりだったけれど、多摩川で泳いだ時分の印象が馬鹿に強い》［一五一頁］と書き送り、一番下の妹・美地には「美地ちゃん」といった呼びかけで話しかけている。弟たちには進路に対する心構えなどにも気を配っていた。何の世話もしてやれない状況に、手紙を書けばつい細かく指導したくなるのだった。

また両親には「パパ、ママ」で話しかける調子である。家族間の言葉使いは、穏やかで丁寧なものであった。

そんな仲であったので、兄がいったん窮地に陥ると、両親に頼らず、弟妹全員で兄の救済に動きだす。その兄弟愛が兄を死刑囚の地位から救い出したと言っても過言ではない。

悲劇の始まり

哲太郎にとって戦中最後の勤務先となった俘虜収容所は、空襲の荒れ狂う東京や死の危機と背中合わせの南方の戦線・北方の島嶼《とうしょ》からも遠い新潟にある。その収容所には弟妹が見舞いや慰問を兼ねて訪ねてくれるほど、他の地に比べたら安全だった。その意味で、息詰まる緊迫感・悲壮感・危機感とはやや距離があった。

しかるに、その新潟の俘虜収容所にも、違った意味の危機感がじわじわと広がりつつあった。戦争の末期的状況の情報は捕虜にも伝わっており、彼らは戦勝への期待を密かに抱き始めていた。それに対して日本人兵士・職員には少しずつ敗戦という不安・危機感が広がりだしていた。

それでも、哲太郎は、そうすぐに敗戦国への転落ということはないのではないかと、自らに言い聞かせてはいた。しかし、それでも、やはり落ち着かない日々を送っていた。

ところが、そのまさかと思っていた日がついにやってきた。八月一五日の無条件降伏という事態の到来である。

降伏・敗戦と共に、哲太郎にとっては他に比べて安全に思えていたはずの位置や地位が足下から音をたてるように崩れおちた。しかもその自分の立脚点が、戦犯、さらに死刑など重罪に最も近いのではないか。そんな不安が押し寄せてきた。

捕虜を管轄する行政機関は陸軍であったが、軍部全体が混乱するばかりだった。せいぜい俘虜収容所全体を管轄する所長名で、兵士・職員は逃亡するようにという指令がくる程度である。哲太郎としては、先がどうなるか全く読めなかった。それだけに上からの指令に従うしかない。

ところが、上官たちは、指令は出したものの、具体的に方法を指示したり、逃亡を応援したりしてくれるわけではなかった。占領軍や警察を相手に、個人の力でいつまでも逃亡を続けることは不可能に近い。占領の終了まで、あるいは時効が来るまでの辛抱といっても、それまで逃げ延びるのは、よほどしっかりした組織の支援を受けないことには無理である。

目先のことを考えても、地下生活ではまともな就職先を探すのも、結婚して家族を持つ喜びに浸ることも難しい。占領軍あるいは国家権力の傘下にある警察と民間人の力関係をみても、一民間人の哲太郎に分がないことは明らかだった。

現に、逃走中にも、結婚という微かな幸せをつかみかけたかに思えたのだったが、その間も本人たちの気づかないところで、警察の追及は着実に進められていた。東京都下の小平に建てた簡素な住居での結婚生活は、実は警察に見破られ、監視下に置かれていた。逮捕されるのは時間の問題だった。

逮捕、横浜軍事法廷

一九四八年一一月九日、哲太郎は、東京都小平町（現・小平市）小川町の簡素な自宅で警察に踏み込まれ、逮捕された。ささやかな幸せを享受していた妻との家庭を引き裂かれ、連行されると、スガモプリズンに拘禁された。

元来、戦争犯罪というものは、第二次世界大戦を契機に本格的に形成された概念・国際的ルールである。それだけに、戦争そのものを裁くこと、戦争の全貌や原因、さらには責任を追及、解明し、ふたたび戦争が起こらないようにその責任者を裁くという理念に立つには至っていなかった。むしろ戦争そのものも、また戦闘中の殺人や破壊なども、戦争に伴う行為なので、直ちには裁かれない。国際条約、協定、宣言などに盛られた戦争・戦闘に関する諸規定・方針・合意に違反する行為を処罰する裁判であった。もちろん、侵略戦争の場合は、その責任者は追及される。日本の場合も、侵略とされた戦争の開始に賛成した閣僚らの何名かはA級戦犯として裁かれた通りである。

実際には、国際法上の規定違反を行った者が主たる対象である。例えば、兵器も持たず、抵抗する意思もない兵士や捕虜に対する暴力、拷問、劣悪な処遇、あるいは無防備の一般市民に対する殺人、暴力、拷問などが戦争犯罪の典型とされた。

特に俘虜収容所は、処遇条件・環境をめぐって捕虜の不満が鬱積されるのが常である。終戦間際では、国民生活でも物資・食料・医薬品等が欠乏しており、外国人捕虜に満足を与えるほどの食糧・物資を回せるゆとりはない。そのため、収容所の捕虜には不満が充満していた。その不満から、戦後になると、所長以下収容所関係者は捕虜たちから告発されることが多かった。

ただし原則として、戦争犯罪は、戦勝国が敗戦国の犯罪を裁くものなので、戦勝国側に過剰な攻撃、殺戮、暴力、拷問、劣悪な処遇などがあろうと、それらが現実には処罰されることはない。太平洋戦争でも、スガモプリズンにおける日本人戦犯に対する劣悪な処遇、暴力、拷問、あるいはシベリアに連行された日本人兵士に対するソ連（ロシア）による劣悪な処遇、暴力、拷問、あるいは無防備の高齢者・子ども・女性・障害者を含む一般市民に対する空襲・攻撃などは不問にされたままである。戦争には敵・味方を超える公平や人道や裁きなどは期待できないのである。

こうして、哲太郎も軍事裁判の渦中に投げ込まれる一人になった。

スガモプリズンに拘禁されると、すぐに横浜の第八軍軍事法廷、いわゆる特号法廷にかけられた。クラシックな印象を与える横浜地方裁判所のビルの二階にある部屋がその審理にあてられた。古い建物だけに、風格はあるが、暗い雰囲気が漂い、被告やその家族にとっては気持がふさがる思いのする部屋であった。

特にＢＣ級戦犯の場合はＡ級戦犯と違い、裁判といっても、被告にとっては自分に有利な資料や証人を得る余裕などなく、ほぼ連合国の持つ資料と判断で進められ、あっと言う間に結審、判決となる。どう考えても、十分に審理を尽くしたとはいえないごく短期間の形式的・流れ作業的な裁判である。人間性、公平性、客観性などは最初から無視されていた。いかにも戦勝国と敗戦国の、また組織と個人の彼我の差があからさまに出た一方的で、機械的で、ただ冷酷に結論を急ぐ進行ぶりだった。

死刑のような極刑ならば、もっと時間をかけ、慎重に審理すべきであるにもかかわらず、そんな空気はまったく見られない。僅か一ヵ月ちょっとで、しかも一審のみの裁判。平時の市民生活ではもちろん、A級戦犯の裁判でもありえない裁判のあり方・進め方であり、敗戦国に対する裁判、とりわけ一般兵士のBC級戦犯に対する裁判には、被告を人間扱いしない実例、人間的配慮を無視する実例が見られたのである。それに対して、戦時下の政治、行政、軍事の責任ある地位にいた、いわば戦争の真の責任者たちは、自分を守ることで精一杯で、見て見ぬふりであった。

哲太郎の罪状は、新潟俘虜収容所におけるアメリカ人やカナダ人捕虜に対し、殴打や軍刀をもって制裁を加えたこと、特にアメリカ人捕虜フランク・スピヤズに対して《積極的かつ不法に銃で突き、さらに部下に命じ指揮して同俘虜を銃で突かしめたため死亡させるに至った》［二一二頁］というものだった。これらのうち最も重要なスピヤズに対する暴行の指揮・命令に関しては、哲太郎は自らの関与・責任を否定していた。それ以外は、死刑や重刑に値する事件や出来事は特に見当たらなかった。

スピード結審

哲太郎に対する判決の言い渡しは、一九四八年一二月二三日の午後六時半頃であった。寒風が吹き荒れる厳しい冬の一日で、彼の場合も逮捕されてから、わずか一ヵ月半しか経っていない。囚われの被告としては、何の対抗措置をとる時間も方法もない短かい期間でのスピード結審だった。

宣告は絞首刑。あらかじめ用意されていた筋書きに機械的に沿うかのような進行と結論である。死刑に値するという重大な事件が一ヵ月半、実質は一ヵ月で審理を終え、結論を出すというのは、いかにも無茶である。しかし、敗戦国の被告には対等な立場に立って主張や反論をすることは、最初から考慮されていなかった。

戦勝国からすれば、膨大な数の戦犯を処理するには、上から一方的に流れ作業のように進める以外ないという認識なのであろう。戦犯の処理に絶対的な強権を持つ戦勝国は、敗戦国の戦犯、とりわけ下級の一般兵士をまともに対等の人間扱いすることを最初から考慮していなかった。今日から見たら考えられないことが公然と行われていたのである。日本政府にしてもBC級戦犯の側に立って、連合国・アメリカ側に抗議をすることなどは全く考えていなかった。敗戦国の兵士は人間扱いしない、平等性を認めない。それが正当化されるのも、戦争の不条理と言えた。

いかにそうだったとしても、哲太郎は、死刑の判決に愕然とした。もちろん、俘虜収容所の所長であったということで死刑判決の可能性があることは承知し、覚悟もしていた。ただ、周りの者も哲太郎を励ます意味でも、起訴事実からは死刑を免れる可能性が高いと応援してくれていた。実際に、俘虜収容所の上司や先輩の判決と比較しても、またそれまでの法廷での主張・弁論からも、死刑を免れる判決になるのではないかと期待していた。

哲太郎は、一方で最悪の事態を覚悟しつつ、他方でその覚悟も紙の上の覚悟のようなもので、実際に危機感が迫り来る臨場感はなく、所長としての姿勢や処遇を思い返しても死刑に値する罪は犯していないと信じていた。それだけに、どうにか死刑だけは回避できるのではないかと、期待のような気持をもって臨んでいた。

しかし、冷静に考えれば、戦時下で日本人の生活条件も劣悪になっているときの俘虜収容所の、しかも敗戦国になった俘虜収容所の所長では条件が悪いことも事実である。どの国でも物資、食糧、医薬品の乏しい戦時下では、外国人捕虜の処遇だけを良くするのは無理だったので、捕虜からみたら収容所とその所長の印象が芳しくないのはあたりまえのことであった。

実際に、所長は方々で死刑や重刑に処された。ポツダム宣言でも、連合国は日本の収容所における捕虜の虐待問題を特に重視していたので、裁判では、関係者は、日本の俘虜収容所の処遇は劣悪という先入観で臨んでいた。

そうであったとしても、哲太郎は、自身では捕虜のためにやるべきことはやったという自負もあった。それだけに、実際に死刑の判決を耳にして、最悪の結果が現実になったこと、もう逃げ場のない崖淵に立たされたことに愕然とした。残っていた生き延びる可能性があっけなく踏みにじられたのである。彼は一瞬何も考えられなくなった。

思い返せば、哲太郎の逃亡中に、先任の所長や上司の裁判は終了しており、どちらも死刑ではなく、無期刑であった。その段階で新潟収容所における重い事件や出来事に関しては、哲太郎の責任にされていたのである。

《(上司にあたる) 坂本大佐が新潟第五分所の例のスピヤズの事件の責任を免ぬがれていること、私がその全責任をとらされていることを意味しました。十指に余る死刑囚を部下から出していながら無期で済んだのです。下に重く上に軽いのが戦犯裁判でした。その後のことですが、俘虜管理の最高責任者、俘虜管理部長〇〇中将はたった八年で済みました。》［一一五頁］

ところが、そんな批判や反論が考慮されるような裁判ではなかった。戦争にあっては、譲り合いやヒューマニズムなどは存在しないに等しい。譲り合いなどをしていたら、自分の生命や立場が危うくなりかねない。収容所の先輩たちは、逃亡中で、その裁判にいない哲太郎に責任を負わせていたのである。

判決の日

俘虜収容所長の哲太郎は、彼なりに戦時下の物資も食糧も乏しい中、捕虜たちのためにできるだけの配慮を行っていた。意識して処遇条件を悪くするなどということはまったくなかった。そういう自負はあった。実際に、それまで収容所になかったストーブを入れたり、食事や薬品を探しまわって確保したりもした。そのことは、再審が始まってから、連合国側にも情報として届けられ、死刑から無期、さらに三〇年に減刑される一要因になるのである。

しかし、現実には外国人捕虜からは、戦争末期の哲太郎らの苦労や努力はそのまま受け止められてはいなかった。

《俘虜のために石炭を盗み出したり、農家から強引に割当量をとることは、当時の軍隊では命がけの仕事でした。しかし、俘虜たちには、これらの好意は当然のこととしか受け取られていなかったのです。》〔一一一頁〕

死刑判決の日の公判終了後、哲太郎はしばし呆然となっていたが、同時に長時間待たされたので、ともかく空腹にもまいっていた。寒さに耐えていただけに、なおのこと空腹がひびいた。死刑判決を受けた直後の哲太郎の気持・心境はそんな複雑なものだった。

いつものように傍聴に来ていた両親はじめ、家族が裁判終了後、慰めや激励に駆けよってくれても、哲太郎は家族の顔や声にまともに対応できないでいた。立っているのが精一杯だった。傍聴・応援に来ていた内川千治が挨拶しても、また家族たちの激励の声も素通りしてどこかに流れていく感じだった。何も考えられない。気力が抜けた彼は、ろくに挨拶も交わせないまま、心配顔の家族や知友と別れ、護送車のジープに押し込められた。

それほど死刑の宣告が哲太郎にとってはショックだった。家族たちも、予想以上に厳しい判決に気安く口をきけないほど身体を強ばらせていたのである。

奇しくも、哲太郎が死刑判決を受けた次の日、A級戦犯容疑者ながら、不起訴となり、容疑を解かれた岸信介、笹川良一らがスガモプリズンから釈放された。いずれも戦争の開始、推進、支援、あるいは満州国に大きく関わっていた人たちである。強制的に召集され、命令によって軍務の末端を務めた哲太郎らとは戦争との距離、戦争責任の重さに大きな相違があった。

なお、哲太郎は、スガモプリズンで笹川良一と知り合い、個人的に付き合うほどになっていた。自由の身になった笹川からは、死刑判決後、再審請求の準備中に哲太郎宛に慰問の手紙が届いている［一八三頁］。

死刑囚の監房

スガモプリズンに戻ると、これまで気付かなかった不気味な騒音が耳に入ってきた。

《それは数十人の死刑囚が夕食の後に一斉に怒鳴り始めた読経と賛美歌の混声であった。……真っ向から私の鼓膜にたたきつけられた地獄の唸り声といったようなものであった。そうだ、これが地獄の音でなくて何であろう、と私は思った。》［九七―九八頁］

哲太郎は、死刑の可能性がゼロではないことを覚悟しながら、まさかという気持も強く、いずれにしろ判決はまだ先のことと、そう深刻に受け止めてはいなかった。しかし、今や死刑の判決を受けて、もう他人事では済まなくなる。彼自身、希望をなくして異様な雰囲気をつくりだしている死刑囚の仲間入りをすることになった。だから急に、死刑囚たちが迫る死を前に不安をかき消すように口ずさむ読経と讃美歌が身近なもの、自分のものに思えてきたのである。

彼は独房でもう一人の死刑囚との二人の生活となった。それぞれ減刑を夢見つつ、それが実現する者と、そうでない者とが出てくる。同房の死刑囚にしても減刑に期待しつつ、結局それは実らなかった。悲喜交々の死刑囚棟であった。

判決後、スガモプリズンの生活が再開されて、哲太郎はしばらく立ち直れなかった。もはや、僅かでも生への期待や執着を抱くことさえできないでいた。獄室で自分をしっかり支えることは難しく、自暴自棄ともとれる言動を見せていたのである。面会に行った弟妹たちからみても、そんな投げやりの態度が気になった。ともかく激励し、そうした態度を直そうと努めるしかなかった。

それでも、時間が経つにつれて、哲太郎は少しずつ冷静になってきた。だが、死刑の恐怖と不安は容易には消えない。死刑執行までの残された僅かの日々に何をなすべきか、冷静に考えることはできなかった。

しばらくそんな状態が続いた。人間であればこそ、弱いだけにどんな時でも強く生き続けることができるわけではない。時にはくじけたり、時には沈み込んだりもする。哲太郎が死刑判決で極端に落ち込んだとしても仕方のないことだった。

そのような弱気や無力感を取り払ってくれたのは、家族たちの哲太郎を救いたいという熱意であり、執念であった。弟妹たちが交代でスガモプリズンに面会に出かけては兄を励ました。するると、少しずつ哲太郎に変化が見られた。家族の死にもの狂いの救援活動に励まされ、なんとか生きる道を探りだそうと前向きになりだしたのである。

哲太郎の父母も、不二子ら弟妹たちも、死刑の判決を耳にした時は、自分のことのように衝撃を受けた。判決が下されるまでは、まさか死刑になることはない、何とかなるだろうという期待の気持をどこかに持っていた。

しかるに、戦勝国側の対応は甘くはなかった。改めて哲太郎も家族も、死刑の言い渡しに衝撃を受けた。それでも、弟妹たちは兄よりは冷静であった。すぐに兄の救済のために何ができるか相談した。

ＢＣ級戦犯の場合、死刑執行まで長くて半年、普通で行けば五月頃がタイムリミットである。ともかく時間がない。弟妹たちはすぐにやるべきことを考え、動きだした。

まず再審なり減刑なりに向け、嘆願書の作成とその支援の署名集めを始めることにした。哲太郎の先生や友人たち、父・一夫の友人たちを時間の許す限り手分けして訪ねまわった。明星学園や関東学院の先生や友人たち、慶應義塾大学の先生や友人たち、また、父の友人たちの許へ。

慶應義塾大学の先生方では、及川恒忠、その紹介で英修道、伊東政寛、今泉孝太郎、米山桂三ら法学部教授が署名してくれた。父の友人には片山哲、賀川豊彦らアメリカにも影響力のある人たちが協力してくれた。特に片山は二頁にわたる長文の理由書を添えて、マッカーサー元帥宛の嘆願書をしたためてくれた。トルストイの三女でアメリカ在住のトルスカヤも再審・助命の嘆願書を送ってくれた。

慶應の恩師及川恒忠は、哲太郎が逃亡生活に入る最初の頃、自宅に訪ねたところ、匿まってくれた上、支援を惜しまなかった。片山哲は、首相を経験した直後で、父・一夫の和歌山県立田辺中学時代の一年後輩である。また、牧師で社会運動家・思想家の賀川豊彦は明治学院神学部の同期生で、一夫と宗教家になる希望や夢を共に分かち合い、語り合った仲であった。

それらの嘆願書の署名は法廷に提出された。それとは別に、妹の不二子は自分で書いた総司令官マッカーサー元帥宛の嘆願書をもって、英語のできる学生に通訳として同行してもらい、東京・日比谷にある連合国軍総司令部の置かれた第一生命ビルにでかけた。入口でも各階の通路でも、今とちがって警備は緩やかで、マッカーサーの部屋の前までは殊更厳しいチェックもなく到達できた。

そこで秘書を通して担当者に会い、嘆願書を持参した事情・理由を説明し、書状をマッカーサーに手渡すよう依頼した。その担当者は特に警戒することもなく嘆願書類を受け取ってくれた。

不二子は、マッカーサーへの直接の手渡しはできなかったものの、大仕事を終えてほっとした。敬愛する兄の生死に関わることなので、それこそ死にもの狂いで飛び回り、前後の見境いもなく連合国軍総司令部に飛びこんだのであった。

後で考えると、総司令部で入口から秘書のところまですんなり辿り着けたのは、奇跡のようなことではないか。兄を救いたいという一心の気持が通じたかのようで、あれほどスムーズに事が運んだのは不思議だった。やるべきことはみなやり終えたという気持で、後は天に任せるほかなかった。

不二子が個人名の署名でマッカーサーに提出した嘆願書は、長文のものである。彼女は特に新潟俘虜収容所におけるフランク・スピヤズというアメリカ人捕虜の死に関して、哲太郎が責任を問われた容疑に焦点をあてて、兄の無実を訴えた。スピヤズは二度も逃亡を試みたことを理由に、拷問の末に死に至ったとされるが、その点について証拠をもって否定したのである。例えば、哲太郎は彼に銃剣で突くなど直接手を出してはいないこと、それに、その時間には哲太郎は通訳を兼ねて他の捕虜の盲腸手術の付き添いで病院に行っていたことを確認し、スピヤズの死には哲太郎は積極的には関わっていないことを訴えたのであった。

そのような努力が積み重ねられた哲太郎の再審請求に関しては、その嘆願書や多数の署名に対するマッカーサーの判定がほどなく出ることになる。

一九四九年五月一六日付で、連合国軍総司令部は、哲太郎に関する判決について破棄、そして他の法廷で再審理を行なうよう命じた。

それによって、少なくとも死刑は免れる可能性がでてきた。五月という死刑執行直前の時期に、家族を中心にした救援運動がぎりぎり間に合い、再審を実現できたのであった。

2　死刑目前に戦争を考える

絶望の中の決意

哲太郎は、自らの生死に関わる裁判のやり直しを訴える再審請求の動きに鼓舞されて、それまでの落ち込み、投げやりになりがちな状態から徐々に立ち直っていく。

死刑を目前にして不安や恐怖はつきまとっていたが、そのような気持・思考を、現に置かれた境涯に自分を追いやった戦争というもの、また日本が行なった戦争の意味というものに向けることができるようになる。戦争に対して従来以上に真正面から立ち向うようになったのである。

人間社会に本来あってはならない、人間が殺し合い、破壊しあう犯罪にほかならない戦争が、歴史上も、また近年も、くり返し行われてきた。そのことは、それで仕方がなかったというのではなく、人間らしさを否定する実に情けないこと、愚かなことと考えなくてはならない。戦争のたびに人々は殺しあい、謀略・暴虐をほしいままにし、まちや建物や文化を破壊しあってきた。これほど非人間的なこと、反社会的なことを行いながら、いったん終了すると、その戦禍や犠牲の大きさに対し二度と戦争を起こすまいと誓い合いながら、いつの間にか、また軍備、そして戦争が大手をふるって頭を擡《もた》げ、くり返される。しかも、その度に同じように甚大な人的、物的、文化的、地域的被害、犠牲、災厄に見舞われてきた。

戦争で迷惑を被るのは、とりわけ第一線の兵士になる若者たちとその家族である。先の戦争でも、戦争末期には、大量の若者たちが、再び生還できないことが分かりながら、遠い海外の戦場に向かって死出の旅に駆り立てられた。

何故、そのようなことができたのであろうか。何故おぞましく醜い戦争、しかも何の建設性も創造性も人間性もない戦争に打ち込んだのであろうか。厳しく反省されながら、いつかまた悪夢・悪魔に取りつかれたように、国と国、軍と軍が敵対し、殺し合う軍備・戦争の準備が超大型の予算を支えに行われる。準備ができればふしぎなもので、関係者はいつかそれを行使したくなるのだろう。人間という存在、また人間社会の規範やあり方を考えたら、どう考えてもあってはならないことなのに、愚かにも同じ過ちをくり返すのである。

哲太郎も、大学を出てまもなく、ただ召集されるままに、それほど深く考えもせずに入隊し、命令のまま職場に赴き、業務をこなした。国家の命令と戦争という名の下に、ただ命令されるままに、忠実に自分の任務を遂行した。最後に俘虜収容所に配属されたのは、運命とあきらめるしかなかった。自分の不運を呪いたい気持になるが、どうにもしようがない。自分の意思なんかではなかったのだから、と考える以外になかった。

それなのに、敗戦後、何故自分は戦犯、特に死刑囚にならねばならなかったか、納得できないでいた。収容所における自分の一つ一つの行為を取り上げて考えても、死刑に値するものは何もない。俘虜収容所の勤務から戦後の逃亡まで、すべて上からの指示や指令に従ったまでだ。もう二度と戦争などに関わるものか、と反省しつつ、哲太郎は、そのような戦争とそこでの体験について思うがまま、考えめぐらした。

そんなことを考えていると、考えるだけではなく、論文などにまとめてみたくなってくる。逮捕されてからは、妻とも加藤家の家族たちとも切り離されたが、ただ自分で考える時間だけは持てた。そこで、自分で考えを深め、それらをメモにし、文章にする努力もしてみた。死刑の判決後、もし再審が実現されないと、半年後には処刑される。そんなことに思いが向かうと落ち着かなくなる。しかし、再審がかない、最終的な刑が決まったら、今考えていることを、まとめよう、そして発表しようと考えた。

そんなことを考えている最中にも、時間に追われながら全力で動いてくれた弟妹たちのお蔭で再審請求に向けて多くの支援が寄せられた。

それと共に、哲太郎にも、自らも体験した戦争というもののあるがままの実像・醜さを掘り下げて考えながら、その理不尽さ・非人間性に負けてなるものか、納得できない死刑判決をそのままにしておくものか、という気持が湧いてきた。前から考えていた人間のあり方とは全く対立する戦争の実態や理不尽さに押しつぶされてなるものか、戦勝国側がすべて正義であるかのようにまかり通る世界や社会のあり方・戦争の受け止め方に抗議や抵抗しないで終われるものか…。

戦争の理不尽さ・戦争責任の不透明さを問う

哲太郎は、スガモプリズンで、戦争について、特に「戦争は犯罪であるか」、またその責任は誰にあるのか、ということをくり返し問い詰めた。他人事と思っていた戦争責任を自らも問われて、そうせざるを得なくなったのである。

もう逃げる術はない、時間もないという気持から、自分をそのような境遇に追い込んだ戦争というもの、それに対する人々の関わり方について深く考えようとした。ただ、戦犯としての地位・状態も、また裁判も、アメリカ軍・連合国軍の管轄下にあった。被告の自分は囚われの身なので、裁判の準備や対応にもっと時間も自由も欲しいと思っても、公判は待ったなしで進行していた。

思い返すと、日本が満州国を樹立し、大陸での戦争を拡大する軍国化の流れの中で、多くの国民がそうであったように、哲太郎も自然に戦時体制を受け入れていた。全体の動きを見れば、徴兵もやむをえないだろうと、覚悟はしていた。たまたま大学を出て就職した先が中国を基盤に躍進中で、自由な雰囲気のみなぎる会社であった。その影響で社会に出ても、また軍隊に召集されても、その延長のようなものと当初は軽く考えたところもあった。

しかし、軍隊生活や戦場で、また捕虜収容所で、戦争の現実、軍隊の実態、それらに流れる人間性が否定される本質と実態に触れると、自分を取りまく事態はそう甘いものではないことが分かってきた。しかも、そのことを一人の力ではどうすることもできなかった。

それを知ると、精神的な不満が心の中で広がっていくのがわかった。軍隊や戦場では、一人一人の兵士には自由も権利もない。一般的には主張も、批判もできない。命令一下言われるままに動く。それでいて、責任は一人一人に対しても課せられる。そういったことに軍隊や戦争に対する納得できないものや理不尽さを感じざるをえなかった。

戦争や軍隊では、人間が人間として扱われない現実、特に敵国に対しては、人間であるはずの相手を人間扱いしてはならず、モノやロボット以下の扱いである。殺しも、破壊も、謀略も積極的に肯定される。それだけでなく、自国内の軍隊においても、上からの命令は絶対で、いかに非人間的な方法や処遇でも、命令であれば反論も拒否も許されない。一人一人の自由、判断、評価は認められない。とりわけ人間性のこめられた主張、人間的な考えや判断は許されない。人間性や隣人愛に関しては完全に無視されるのが軍隊であり、戦争であった。つまり人間に最もそぐわない場が軍隊であり、戦場なのであった。

その結果、日常生活では絶対にあってはならないこと、普通の人間社会では絶対に認められないこと、それだけに人間として最低・最悪とされることが、戦争や軍隊では上からの命令一つで強制され、正当化される。

それに対して、哲太郎としては中国での捕虜や反日活動家への非人道的扱いは何度見ても、正当化しようとしてもできないものを感じた。また捕虜収容所でも、食料・医薬品の不足などから、まともな処遇のできない状況に直面するが、努力しても限度があった。それが国の施策や処遇の水準なのに、敗戦国になれば、そういうことも国や担当責任者ではなく、一人一人が戦争犯罪として問われることになる。そうした現実や矛盾も心にひっかかり続けた。

そんな理不尽さ・不合理さを戦場や軍隊では訴える場もない。訴えても無視されるだけである。そこには居場所さえ見いだせない。そんな心境が続いた。戦争の影や負の部分が次第に広がっていくのも哲太郎にはどうしようもなかった。

とにかく哲太郎は、敗戦と共に、外国人捕虜収容所に勤務していたことから、戦争が終わったことを素直に喜べない数少ない一人になった。危険な戦場にいる兵士なら、戦争が終わったことで、もはや砲火や銃弾など戦火、また特攻など自爆命令を恐れることもなくなり、郷里、そして自宅・家族の許に帰って安全・安心な生活に戻れるので、安堵感に浸り、心からほっとする。しかし、哲太郎はそうではなかった。

哲太郎も、戦争が終わって、たしかに危険な最前線に送り込まれたり、空襲の砲火や銃弾によって死んだりする心配はもうなくなった。その面ではほっとした。家族のためにも。

ところが、大変厄介なことに、戦犯として逮捕・処刑される心配が出てきた。所長として、被収容者の捕虜たちには可能な限り配慮・サービスをして尽くしたつもりでも、その努力や配慮がその通りに受け取ってもらえないことが多かったからである。

もともと戦争末期には、日本全体が財政難や物資不足状態で、国民にとっても生活は艱難・辛苦を極めた。そうなら、敵国で捕虜になっている外国人の身には、それ以上の艱難・辛苦に思えたことは推測できよう。その上、生活習慣、人間関係のあり方、文化や宗教などが違うことから、所長以下収容所関係者は嫌われたり、不満や反発を招いたりしやすかった。

そんなことから、所長は捕虜たちの証言によっては死刑など重罪を課せられる可能性・危険性さえ出てくる。それは、行政も上司も分かっていた。だから、俘虜収容所には行政の上層からは関係者に逃亡の指令が出されたのであった。

東京裁判の実際

戦争に結末をつけるには、戦犯を裁く軍事裁判が欠かせない。太平洋戦争の場合は、東京裁判、すなわち極東国際軍事裁判であった。ただ、その実態といえば、戦争そのものにはまっすぐには目を向けず、その発生理由や責任も深くは解明しようとはしないものだった。

戦争そのものに深く踏み込まないのは、そこに踏み込めば戦勝国も犯罪・責任の対象にされることも起こりうるからでもある。もともと軍事裁判は、戦争を再発させないために最も必要なことを遂行するのが使命の一つのはずである。ところが、太平洋戦争では、その点は軽視された。むしろ、まだ不備な国際法などに基づいて表に出た具体的な不法行為を裁くこと、それも過剰に厳しく裁くことが主たる目的・方針になってしまったのである。

そのため、戦争そのものや一つ一つの事件・出来事の真の原因と責任者の解明にはそれほど時間をさかれることはない。いわば外から見える第一線で実行された不満や恐怖を招く行為・不法行為が対象とされる。連合国側の兵士や捕虜の不満・告発などによる具体性があるからである。

かくして、浮き彫りにされた軍事裁判の特徴も、戦争の不条理を深める印象を与える役割を演ずることになる。東京裁判の特徴として次の五点を挙げておきたい。

（1）戦犯を裁く拠り所としての国際法は、まだ十分に体系化・総合化がなされておらず、客観性や合理性の徹底には遠い状態にあったこと。

戦犯とその処罰のルールが国際法中心に規定化されるのは、主に第二次世界大戦末期以降なので、その点は当然であった。東京裁判では次の三つの面から責任が追及された。

①平和に対する犯罪
②通例の戦争犯罪
③人道に対する犯罪

「平和に対する犯罪」は、戦争発生の要因や責任に関わるレベルのもので、戦争が平和追求のためではなく、侵略戦争と規定されるような場合である。主にA級戦犯が対象。「通例の戦争犯罪」は、戦争に関わる現場における具体的な犯罪行為が中心で、ＢＣ級戦犯が主たる対象。ただ、次の③との区別は曖昧で、戦犯の定義・概念も厳密化されているとはいえない。「人道に対する犯罪」は、無防備の一般市民、捕虜、負傷兵士などに対する暴力・攻撃などの不法行為で、その対象は実際には敗戦国のみで、戦勝国側の行為には適用されない。

(2)戦勝国が一方的に敗戦国を裁くものであったこと。

戦勝国側は「正義」の側なので、戦勝国には敗戦国の兵士や捕虜に対して、また一般市民に対して、不法行為はないという前提である。それだけに、戦勝国側に不法な行為・行動があっても、徹底的に無視された。

それでいて、日本側が裁かれる現場の行為の個々の事件・事例の裁判では、各国で実施されている裁判で確立されているルールの多くも無視される。東京裁判では、公平・公正な扱いには疑問が多かったし、蓄積された法原則も無視されることが多かった。「疑わしきは罰せず」の原則にしても、A級戦犯には言えても、BC級にはほぼ無視された。BC級戦犯に関しては、むしろ「疑わしきは罰する」原則に近かった。

しかも、一審即決で控訴・上告は認められず、BC級にはとにかく反論するゆとりも機会も公平には与えられなかった。もともと、膨大な戦犯を短時日のうちに裁くので無理があった。当然、先を急ぎ、結論を急ぐ短期間の審理となる。被告になった戦犯にとって、反論・反証をあげる時間も自由もない。むしろ、流れ作業のごとくどんどん先を急ぐ審理、そして判決となった。

それでいて、連合国軍側の同様の行為は全く問われなかった。

哲太郎を含むＢＣ級戦犯に対する太平洋戦争後の軍事裁判が、全般的に裁判の正義、公平、真実の発見などとはほど遠いものであったこと、被告の多くは真実を訴えても、また減刑や助命の嘆願書を添えても全く相手にされず、再審請求も拒否されたまま処刑されたこと、そのような不公正・不公平を日本の政府、政治家、担当の行政機関も黙認した。

（３）責任が重いのに政治家・官僚、また軍人までも、第一線から遠いところにいた指導者たちは、結果として比較的寛大で、緩やかな扱いをされたこと。

特にＡ級戦犯とＢＣ級戦犯の裁判には、ダブルスタンダードが認められるほどであった。そこには、真実を解明して、二度と戦争を発生させないという理念や目標よりも、戦勝国本位、そして政治性・戦略性も込められたご都合主義が読み取れる。その結果、一般の目の届かないＢＣ級戦犯には戦勝国による極めて恣意的・報復的・懲罰的運営を許すことにもつながっていた。

戦争の責任では重いはずの政治家や上級軍人など指導者、戦争を支援・推進する政策・施策を策定・推進した官僚、兵器類を生産・供給に励んだ企業・経営者、軍国化や反米反英思想を植えつけ、平和運動への抑圧を先導した内務省、文部省、法務省、特に警察・検察など関係者たちの多くは、戦後の軍事裁判の処罰対象ではなかった。

彼らは、戦勝国の兵士たちと直接触れあう機会がなかったのが幸いし、大方は戦後の軍事裁判の処罰対象から外された。しかも反省もないまま、戦後、上層の者が僅かの処罰を受けただけで、すぐに復帰を許された。実際に、殊更反省もないまま関係省庁も関係者たちも復活することになる。

（4）以上の結果として、現実に敵国兵士や市民と直接触れる第一線にいた一般兵士であるＢＣ級戦犯に対し、不公平で重い判決になったこと。

不法・不当な行為・処遇が発生した場合も、命令する者より、第一線にあって敵国の兵士や市民と触れる位置にいたために、命令によって実際に動く一般兵士が重く罰せられた。とりわけ捕虜と日常的に触れる俘虜収容所にいた兵士は、軍部や行政機関の上層にいて命令する指導者よりも異常に重く罰せられている。

（5）戦争のもとになる原因を明らかにし、根こそぎにするという理念や目標、それによって戦争の再発を防ぐ理念や理想に欠けていたこと。

そのため、戦争を推進した政治家の多く、また官僚、あるいは戦争で営利を貪った産業・企業・経営者などは野放しに近い扱いになった。せいぜい公職追放程度の処分で、それもすぐに解除されている。東条内閣の閣僚たち、その後の戦争遂行に責任を負った内閣の閣僚たちでさえ、戦犯から外されたり、Ａ級戦犯容疑者にされた場合でも、不起訴になった者が目立つ。戦没者、文化やまちの破壊等の膨大な犠牲を考えたら、戦後処理として真の戦争責任者である指導者層に甘すぎる扱いだった。

こうした状況を察知した社会運動家・思想家などが、影に隠れて処罰を免れた真の戦争責任者・犯罪人を弾劾する集会を行ったりした。その種の主張が一時的にはかなり見られたが、具体的な進展、成果は得られなかった。

かくして、哲太郎はじめ、末端の戦犯からは、東京裁判は戦勝国の報復・懲罰的原則に基づく政治性の強い裁判で、支配層や上層の組織よりも、現場、特に一般兵士が個人として、重く処罰された裁判であったという批判が出てくるのであった。

戦争と平和　不合理な戦後処理

哲太郎は前述のように逮捕されると、何の準備もできぬまま、直ちに軍事裁判にかけられ、一ヵ月ちょっとで結審・判決を迎えた。結果は死刑であった。それから死刑執行までの半年間、間近に迫り来る死刑の恐怖のなかで、くり返し戦争のこと、それに自分の責任のことなどを考えた。

追い詰められているだけに、哲太郎としては、反人間性、さらに犯罪性といった戦争の本質から目を逸らすことも、逃げることもしなかった。そして、自らは戦犯の汚名を着せられて、死刑を宣告されたことをとうてい受け入れることはできなかった。

平時の日常生活では、反人間的で最も嫌悪され、決してあってはならないこと、いかなる法律でも認められない違法なことが、戦争ではむしろ正義とされ、それらの実行を上から命令、奨励されさえする。殺人、破壊、空襲、それらの結果、敵国の兵士、さらには一般市民を多く殺せば殺すほど評価、称賛されさえする。

哲太郎のように、職業軍人ではなく普通の市民・一般兵士にとっては、平時の日常生活のルールや価値観が、戦争では無視されてよいなどということは、容易には理解できなかった。平時の日常生活では否定され、認められないこと、中でも反人間的で許されるはずのない暴力、脅し、破壊、放火、さらには殺人まで正当化され、しかもそれらを国や軍部から命令・強制されることは、到底納得できることではなかった。

しかるに、戦争が終り、平和が回復すると、平時における普通の論理、法理、価値観に戻るので、敗戦国の場合、戦場での敵国の兵士や市民への暴力的行為、捕虜の管理や処遇の不備などは、状況によっては戦犯として厳しく処罰される。しかも、国や組織ではなく、命令された現場や個人が責任を問われることになる。戦時の現場・戦場では武器・兵器を行使するのも、命令で殺人、暴力、破壊などの実行を強いられるのも、庶民であり、一般兵士である。だから、戦後、戦争犯罪人として追われ、捕らえられ、処分されるのも、命令した組織や上官であるよりも、命令されて実行せざるをえなかった現場の一般兵士個人であった。

法務省大臣官房司法法制調査部の『戦争犯罪裁判概史要』によると（「平凡な市民巻き込む不条理―映画の旅人」『朝日新聞』二〇一四年八月二日）、先の太平洋戦争でも、戦地や国内における外国人住民、捕虜などに対する脅し、虐待、暴力、殺戮の罪で起訴されたＢＣ級戦犯は、五、七〇〇人いたが、そのうち捕虜収容所関係者が一七パーセント、またそのうち三、四一九人が有罪となるが、その二七パーセントが捕虜収容所関係者であった。さらに死刑九八四人のうち、一〇パーセント強が捕虜収容所関係者であった。俘虜収容所関係者が特に厳しい目で見られていたことが明らかであろう。

そんな不条理・理不尽な戦争に、また敗戦後の連合軍による身勝手で一方的な処理・処分のあり方に、哲太郎も翻弄された。それに対し、抗議や抵抗の気持、あるいは全く納得できない気持を書き留めた。そのあるものは発表もされた。こんな人間社会にはもう二度と関わりたくないと思うことさえあった。そんなときに、彼がたどりついたのが「私はもう人間には生まれなおしたくない」、できることなら「貝になりたい」という境地であり、叫びであった。

3　再審、死刑を免れる

減　刑

ダグラス・マッカーサー連合国軍総司令官によって哲太郎に対する判決の破棄と再審の命令書が発せられたのは、一九四九年五月一六日であった。まさに神のプレゼントに思えるほど感謝してもしきれない命令書である。加藤家にとっては、マッカーサーは生涯忘れられない大恩人になった。

BC級裁判でも、無罪や減刑の嘆願書が被告やその家族から法廷に提出されるのは稀なことではない。しかし、ほとんどが無視された。その点で、哲太郎に対する嘆願書は特別の扱いであった。

そのマッカーサーの命令に従って開かれた再審の結果、六月二四日に新しい判決が言い渡された。重労働終身刑への減刑であった。再審が開始されてから一ヵ月ちょっと経過した時で、これも随分早い結審、判決であった。しかも、それから二ヵ月ほど経った八月二六日に、第八軍司令官は、哲太郎が新潟俘虜収容所時代に物資の乏しいなか、捕虜の待遇改善に尽くしたことなどが確認されたとして、三〇年の拘禁へとさらに減刑を決定した。

とはいえ、その三〇年の刑でさえ、Ａ級戦犯に比べて軽いとは言えない。特に死亡したスピヤズに対する罪と責任がなくなるか、軽く判断されたとなると、他にはそれほど重い罪に問われてよい事件・出来事はないだけに、三〇年でも重すぎた。それがＢＣ級戦犯の裁判の実態であった。

この間の経緯を英字紙の『星条旗』が報道しているが、哲太郎はその記事を読み、翻訳して家族に手紙で送っている。

《横浜八月二十六日発　第八軍司令官は一人の日本の元陸軍中尉の終身の判決を減刑した。その戦犯が彼の指揮下にあった収容所に於てアメリカ捕虜の生活状態の改善に努力した事が判明した後に、加藤哲太郎の刑期は三十年の拘禁に減ぜられた。》［二〇〇頁］

日本がサンフランシスコ講和条約によって独立した後は、スガモプリズンは日本に管轄が移り、名称も日本名の巣鴨刑務所に変わる。しかし、戦犯は米軍の管轄下にあり続け、しばらく解放されることはなかった。そのため、独立後の日本の政治も行政も、なんら支援もなく、処罰されたBC級戦犯に対してすぐには「戦犯」の汚名をそそぐことはしなかった。多くのBC級戦犯は、哲太郎と同じように国家に忠誠を誓い、上からの命令に従って職務を遂行した結果であるのに、独立後も長く「戦犯」のレッテルにつきまとわれることになる。

かくして再審の結果、死刑は免がれたものの、哲太郎はさらに一〇年近くもスガモプリズン、ついで巣鴨刑務所に収容され続けた。哲太郎は、死刑の恐怖から解放され、改めて自分をそのような死の淵にまで追い込んだ戦争というもの、その犯罪性や狂気、理不尽さや不条理を深く考え直す機会を与えられたわけである。

それから間もなく隣国の朝鮮で戦争が勃発したことが、哲太郎に一層深く戦争を考える姿勢を強めさせることになる。危うく死刑にされそうになりながら、それを克服して、もう戦争はまっぴらと思っていた矢先のことであった。

つい先の大戦で、多くの国の指導者たちは、戦争の狂気、また戦争・軍備に依存するあり方の愚かさに気づいたはずではなかったのかと、哲太郎は朝鮮戦争勃発に失望した。また以前のように人間が殺しあい、生活や地域も、文化や芸術も破壊しあい、決着がつけば戦勝国が一方的に正義の側に立ち、敗戦国の戦争と戦争関係者を戦犯として処罰することをくり返す愚かさを思った。しかも、そのような動きに対応して、日本でも警察予備隊など再軍備が議論されるまでになっていく。

否応なく哲太郎は、人間性や人道に反し、世界で確立されたはずの近代的な法理論にも反する戦争について改めて考えることになった。獄中にいると、思い詰めると止まらなくなることがあるように、彼は戦争について思考を止めることができず、とことん考えた。戦争の論理・実際を真正面から見据え、考えを深く掘り下げていく。

朝鮮戦争のさなかに、日本をめぐるサンフランシスコ講和条約が締結されるが、戦犯の扱いについては、それを機とする恩赦は特には行なわないことになった。哲太郎らは正直言ってがっかりした。平和条約によって占領は解除され、独立国に戻る。それなら敗戦国の立場や論理からも解放され、日本が独自の立場や論理で対応するのではないか。そうなれば、日本政府としてはＢＣ級戦犯の汚名を急ぎそそぐ方向に姿勢を変えるのではないか…。

ＢＣ級戦犯への対応の遅れ、償いの気持もない政府、政治、行政の認識や姿勢に哲太郎らは納得できないものを感じ続けていた。

補償・保障なき釈放

戦争が終わった時、哲太郎は、二〇代最後の二九歳、戦犯を忌避して逃亡するものの、逮捕された時が三二歳だった。ついで死刑、さらに懲役三〇年に減刑されるのが三三歳。終戦を迎えてから四年経過した時である。まだこれからという人生の大切な時に、自分としては受け入れることのできなかった死刑の恐怖、そしてその取り消しの闘いに明け暮れていた。

それから、釈放されるまでには、さらに九年ほどの歳月が必要だった。スガモプリズン、その後の巣鴨刑務所には、四〇代に入るまで囚われ続ける。新鮮な発想力と思考力で、何ものにも挑戦が可能な二〇代、三〇代を、創造・文化・芸術の充実した日々とは正反対に、閉ざされたまま後ろ向きの戦犯処理や受刑生活という強制と戦うことに費やしていたのである。

哲太郎が刑務所から釈放されることになるのは、一九五八(昭和三三)年四月、日本が平和条約を発効させ、独立してから六年ほど経過した時である。逮捕された時から数えれば一〇年ぶりの自由の身で、解決や納得のできない問題は多いものの、ともかく妻福子、長女祈子、そして家族のもとに戻ることができた。自身が自由な市民生活を奪われ、軍隊に召集されてから数えれば、一七年ほど経っており、戦争のためにそのように長く貴重な歳月が犠牲にされていたのであった。

哲太郎は、釈放の時はすでに四二歳になっていた。一〇年以上にわたって、不本意で無意味な生活、しかも行政の上層からの指令による長い逃亡生活、引き続く獄中生活を強いられ、贅沢やゆとりはもちろん、健康を維持するのも難しかった。肺結核を患い、糖尿病も悪化させていた。健康・精神面でも、また経済面でも就職は叶わず、普通の生活に戻ることは容易ではなかった。せめて、国、あるいはかつての国の指導者たちがＢＣ級戦犯への罪滅ぼしに、雇用の保障、生活保障、戦時補償などを行ってくれていたら、どれだけ違ったかしれない。しかし、謝罪はもちろん、戦時補償・拘禁補償、家族の生活保障も、社会復帰へのサービス・世話も全くなされなかった。理由は、「戦争」犯罪人だからということだった。

結局、国はＢＣ級戦犯たちに対しては、彼らが問われた〈戦争犯罪〉は彼ら個人のものであるという姿勢を崩さなかった。戦争を始め、推進しつづけた国・政府・行政・軍部には、ＢＣ級戦犯に対する責任はないことにし、戦犯への配慮も拒否しつづけた。

ＢＣ級戦犯が出獄する時にも、実際に市民生活で罪を犯して入獄、その罪の償いを終えて釈放される刑法犯・犯罪人と同じように、刑務所から追い出されるように娑婆へと放り出されるだけの扱いである。政府や行政は、戦争の本当の姿から眼を逸らし、自らの責任をどこかに抛《ほう》り出して、ＢＣ級戦犯に思いやりをかけること、償いをすることは拒み続けた。これが戦争というものの本当の姿であった。

日本政府による戦争への突入、拡大、そして応召・俘虜収容所勤務が哲太郎の、また類似の多くの若者はじめ、市民の人生を狂わせ、悪い方向に全く変えてしまったのである。それに対するお詫びや謝罪、さらに償いは一切なかった。

とにかくいったん戦犯になったら、出獄後も、ゆとりや豊かさとは無縁な位置に置かれてしまう。それどころか、社会復帰を無事に果たしてささやかな幸せ、安全安心の最低限度の補償、あるいは保障さえ手にできない者がほとんどだった。しかも、人間の歴史は、特に指導者たちがなんら反省もないかのようにそのような人間無視の戦争をくり返してきたし、これからもくり返そうとしている。

そのことが、哲太郎たちにとって、将来を考えると、さらに深刻な問題であった。

第3章 戦争は犯罪である

1 スガモプリズンからの告発

一九五二（昭和二七）年四月二八日、サンフランシスコ講和条約が日米安全保障条約と共に発効した。日本が敗戦・占領から解放されて、独立を認められたのである。それと同時に、極東委員会・対日理事会・GHQが廃止となり、「スガモプリズン」の管轄もアメリカ軍から日本政府に移った。名称も日本語の「巣鴨刑務所」となる。

巣鴨刑務所では、管轄が日本政府に移行すると、刑務所のあり方もその姿勢も変わりだした。独立によって、日本政府としても、戦犯の受けとめ方に関しては被占領国時代と同じではありえなくなる。それに応じて、入所者たちの気持や姿勢にも変化が見られるようになっていく。

戦勝国・占領軍から敗戦国の日本政府に管轄が移ることによって、日本政府としては戦犯に対して何らかの配慮をするのではないか、そう関係者が考えるのは当然である。ただし、管轄が変わろうと、戦犯の免責・免除は行わないということが連合国と日本政府の間で確認されていたのである。日本政府も、それを支える政治も行政も、戦犯に対しては、火中の栗を拾うかのような行為には出ず、責任を果たそうとはしなかった。見て見ぬふりであった。

それでも、現実には政府も刑務所も、入所者も、戦犯に対しその処遇に何らかの変化を示さざるをえなくなる。入所者も釈放が近くなるのではないか、何らかの謝罪なり譲歩なりがあるのではないか、そんな期待も自然の成り行きだった。

日本政府としては、かつて自国政府が無謀にも戦争に突き進み、自国民にも、また他国民にも多大な犠牲、損害、迷惑、不幸を強いたことに対する責任を負い続けなくてはならない立場にあった。戦犯として収容されている旧兵士たちの罪にしても、実は政府を筆頭に、政治・行政・軍部の上層にこそ責任があることを認めざるを得ないのが実情であった。

しかも、戦犯の処遇・処理が進まないのに、政治家、財界人、ジャーナリストらが戦争協力の責任を問われ、公職追放されていた処置に関しては、独立前からその解除が先行して進んでいた。政治家も続々と解放された。自由の身になった政治家には党派を超えて各政党と政治家が追放解除に対する祝電やお祝いの手紙を送りあった。中には、政治の世界に復帰・復活する者も出てくる。責任の重いはずのA級戦犯容疑者でさえ、かなりの者が追放解除どころか、早くから容疑をはずされていたのである。

哲太郎も、日本の独立と共に、その後の政府・政治・行政の姿勢・対応に期待した。しかし、日米関係における日本政府の立場の弱さもあって、すぐには釈放とはいかなかった。それでも、いつまでも日本の政府・政治・行政は、自分たちを放置しつづけることはないだろうという期待を捨てることはなかった。実際、犯罪人扱いの従来の収容所生活とは扱いが違ってくる。自由度も増したし、処遇も改善された。当然、解放が実現する日が遠くないという気持・期待も増してきた。

哲太郎が書き残した作品や論文類は、卒業論文を著書にした『中華塩業事情』を除けば、生涯で五点ほどである。そのすべてがスガモプリズンに拘禁されていたときか、自由になった後にその関連や延長で執筆されたものである。スガモ関連ということは、すべてが太平洋戦争と敗戦後の動向に関わり、戦争とその責任、戦犯、特に死刑と刑死者の問題を取りあげている。『私は貝になりたい』（春秋社版）に収録されている「水洗便所の水音——藤中松夫さんのこと」（巣鴨刑務所内で一九五三年に発行されたガリ版刷の『散りゆきし戦犯』に発表）を除くと、いずれも、短編や簡単な随筆風なものではなく、論文、ないしは主張・思想のこめられた創作である。

殊に戦争論とその責任論に関しては、哲太郎の実体験に基づく強烈な個性や信念が凝集され、圧倒されるほどの迫力がある。その内容は、他に例をみない鋭い視点や論理に満ちている。なかでも、戦争犯罪論、一人一人の兵士の責任論、戦争廃絶論などの主張、あるいは「私は貝になりたい」のように、既存の水準を超え、他を圧倒する訴えやフレーズは、もっと広く受け止められ、吟味・検証されてよいものである。

哲太郎が自らの主張や状況を最初に発表したのは、再軍備の推進とそれに対する反発の気持をまとめた「私達は再軍備の引換え切符ではない――戦犯釈放運動の意味について」（『世界』一九五二年一〇月号、「一戦犯者」の名で発表）である。

次に発表したのは、「狂える戦犯死刑囚」と「戦争は犯罪であるか」。手記としてまとめたのが一九五二（昭和二七）年一〇月、ついで発表したのは翌一九五三年二月（飯塚浩二編『あれから七年――学徒戦犯の獄中からの手紙』所収、光文社）であった。この「狂える戦犯死刑囚」にこそ、「どうしても生まれかわらねばならないのなら、私は貝になりたいと思います」の叫びが書き留められている。

そのどちらの論文・創作も、国策による戦争によって平穏な日常生活を破られるように強制的に召集され、戦地やその延長の外国人俘虜収容所勤務を命じられた一市民が心から振り絞るように押し出した訴えであった。命じられた業務に打ち込んでいた頃は、全く予想もしなかったのに、戦後、敗戦国になった途端に、戦犯と認定されたうえ、死刑まで宣告される苦しみを味わうことになるのだった。

特にスガモプリズンの環境や処遇条件は、哲太郎が従事し、連合国によって厳しく糾弾された日本の俘虜収容所にも劣る面がいくらでもあった。占領軍による拷問もあったし、精神的に不安定な者、病気の者が入るには耐え難いほど暗く汚濁に満ちた劣悪な環境の病棟もあった。この病院には、哲太郎も入院したことがあり、その面会室で、妻子と面会もしている。わが子と初めて対面したのも実はこの場所だった。その不潔で乱雑な空気は、妻からみても二度と子供には味わわせたくなく、面会にも行きたくなくなるほどの劣悪極まる環境なのであった。

戦争とは何かを考えるとき、そんな戦勝国と敗戦国の天国と地獄ほどの立場の相違などは格好の素材である。その連合国軍が管理するスガモプリズンの状態は、哲太郎から見れば、戦時下の日本の処遇であったなら、連合国側の裁判で間違いなく劣悪な処遇や虐待として犯罪視され、しかも重く処罰されたに違いないレベルのものだった。

そのような環境・処遇条件下で執筆された哲太郎の三編の作品は、いずれも匿名かペンネームで発表されている。それは、彼がまだスガモプリズンに囚われていたこと、そして戦争批判のみか、米軍の占領政策、戦犯の処遇、スガモプリズンの処遇に対する批判も含まれていたからにほかならない。年月の経過と共に、次第に入獄者にも自由が増したとはいえ、記事・論文に連合軍や米軍に対する批判が入っていたりすると、追及・処罰される危険があったからである。

しかも、登場する人物については、名前だけでなく、内容において多少の脚色が施さざるをえなかった。『あれから七年』など多数のBC級戦犯が寄せた手記・論集・エッセイ等でも、執筆者は《全部の人が筆名をつかい、またほとんどの人が、筆者の誰であるか判らぬよう、いろいろ創作し、脚色を加えてその手記を書いたのです》〔一一二頁〕と、哲太郎が後に記している通りである。

実際に、スガモプリズンでは、哲太郎が匿名で書いたものの中にも、こんなことを誰が書いたのかと執筆者=犯人探しが行われたこともあった。ただ、プリズンなり刑務所なりで、執筆の自由、それを刑務所外に運び出す何らかのルートが存在したことは注意を引く。お蔭で哲太郎だけでなく、他の戦犯も外部の雑誌、著書類に自分の主張を投稿や発表することができたのである。

いずれにしろ、哲太郎の五作品とも、終戦以前には予想もしなかった戦犯、しかも死刑などの重刑に処される辛酸の体験をした戦犯でなくては辿り着けない境地からの執筆・公表であった。

2　「私達は再軍備の引換え切符ではない」

最初に活字になった「私達は再軍備の引換え切符ではない」は、「一戦犯者」の匿名で発表された。サブタイトルとして「戦犯釈放運動の意味について」とある。

その論文では、前半にサンフランシスコ講和条約の発効によって日本が独立した後の戦犯や戦争犠牲者に対する考えやあり方が取り上げられている。独立後すぐに戦犯釈放運動が始まるが、主にそれをめぐるものであった。後半には、戦犯処遇の規定等の実際、戦犯釈放論が出てくる戦犯処遇をめぐる米軍などの姿勢の変化、あるいは戦犯の釈放要求の高まりと再軍備の問題に対する哲太郎の一貫した考えが展開されている。

哲太郎は、その戦犯釈放運動に全面的に賛同し、期待したわけではなかった。むしろ、その推進者・母体には慎重な目を向け、ときには批判の声さえあげている。特に戦争を聖戦視する観点からの右翼、あるいは再軍備賛成の政治運動に利用する立場には警戒感を強く示している。

そのような団体の一つに、「戦犯受刑者世話会」があった。戦争開始時に、戦争に直接責任を負ったり、第一線で活躍したりしていた政治家、軍人、財界人、ジャーナリストからなる組織である。岸信介、清瀬一郎、正力松太郎、緒方竹虎、高石眞五郎、安井誠一郎、有田八郎、宇垣一成、野村吉三郎、藤原銀次郎、石川一郎、鮎川義介、藤山愛一郎、杉道助らが名を連ねていた。彼らの多くは、戦争に何らかの形で責任を感じていた人たちで、開戦時、そして戦争中、それぞれの分野の第一線で活躍した人たちである。彼らは罪滅ぼしや責任追及を回避する証としても、戦犯の赦免に動かざるを得なかったともいえよう。

　彼らは自らの会の役割について、次のように言う。


《(戦犯は) 等しく国家の為め戦争に従事し、戦敗という現実によって生じた一種の犠牲者であり……彼等とその家族は戦争犠牲者援護の対象ともならず、物心両面で極めて同情すべき立場にある……本会は赦免、減刑、海外戦犯の早期内地帰還、戦犯とその家族の救恤、慰問、救済を目的とする。》〔七六頁〕

　それに対して、当然、戦犯とその家族は、全員即時釈放を訴えた。ＢＣ級戦犯などの受刑者たちは、比較的冷静な立場で「残虐行為者」や「戦争に勝てば金鵄勲章を貰う殊勲者」といった両極端の視点や立場も拒否する姿勢を示した。

　むしろ《私たちが国民に訴えたいのは、私たちがかつては善良な国民の一員であり、現在は真摯な平和愛好者であるということであります。残虐者扱いとか犯罪人扱いは勿論好みませんが、特に持上げられる理由もありますまい》〔六五頁〕などと冷静な姿勢もみせている。特に自分たちが軍国的な戦争時代に逆戻りしかねない右翼的な運動に利用されるのを警戒した。

哲太郎も、自分たちには責任はないので何がなんでも釈放せよ、という立場はとらなかった。自分たちが国の方針に従い、政府や上官の命令のままに動いたとしても、道義的には責任があること、また日本および日本軍全体としては交戦の相手国民には多大の迷惑をかけたことは認めていた。それだけに迷惑をかけた諸国民の寛大な赦免の下で、かつ自由になった暁には平和に貢献する責任も感じ、その意思も表明していた。

その他、日本弁護士連合会、衆・参両議院も、戦犯釈放の決議などを重要視したし、また宗教関係団体・関係者も戦犯釈放運動に関わった。

「私達は再軍備の引換え切符ではない」の後半部分では、吉田内閣が戦犯釈放と絡めながら進めた警察予備隊の創設など再軍備、憲法改正を見据えた発言・動きへの批判が展開される。特に吉田内閣がアメリカのダレス国務長官による再軍備の実施要請に対して、戦犯の釈放要求を提起したことには強く批判を加えている。すなわち、《戦犯釈放は再軍備のための憲法改悪でたかぶるであろう国民の気持を抑える鎮静剤として用意されている》〔九四頁〕といった受け止め方がなされている。特にこの段階で、「憲法改悪」に早くも言及していることには十分に注意を向けてよい。

哲太郎のように戦争の現実を見、かつ体験したものにとって、安全地帯にいてその実体験もない政治家、外交官が安易・軽率に国際的な駆け引きや観念的な政治論で再軍備に走ろうとすることは許せなかった。哲太郎の主張に耳を傾けてみよう。

《私達は再軍備の引換え切符ではない。……私達が欲するのは、人道的見地を楯にとった、他からきり離して戦犯釈放だけを対象とした、死の商人達の運動のおかげで釈放されることではない。

私達が望むのは、祖国がそのすべての旧交戦国と友誼的な平和条約を結び、植民地の圧制から独立し、平和を愛する諸国民の寛大な取りはからいによって、私達が戦争に協力した道徳上の罪を赦され、暖かい日本国民の懐に帰り、平和愛好の国民の一員として祖国の独立と平和とを守り、以って人類の幸福に貢献し得る機会を与えられることである。》［九五―九六頁］

このような主張や運動にもかかわらず、哲太郎が釈放されるにはさらに六年の歳月が必要だったことは前に述べた。とにかくBC級戦犯に対しては、命令を下した政府自体、政治・行政・軍などの責任については、公然とは認められなかったのである。きわめて無責任な姿勢であるが、実際に、ＢＣ級戦犯は、国に利用されながら、独力で死刑という危機的な状況をくぐり抜け、中には辛うじて生存・帰還した者もいたように、国に見捨てられたに等しい扱いを受けたのである。

上記のように岸信介元首相らの戦犯受刑者世話会まで、ＢＣ戦犯については「一種の犠牲者」と明快に位置づけている。この点が重要なのだ、政府・政治・行政・軍部関係者も、実はそう理解しながら、自らの責任に跳ね返ってくるので、その点は意識的に無視された。

さらに、それ以外の者になると、必ずしもＢＣ級戦犯のおかれた地位を理解して、支援・同情してくれる人ばかりではなかった。実際に、戦犯のレッテルが貼られている以上、何か悪いこと・残虐なことをしたに違いないと思いこんでいる者さえいたのである。

ここで留意しておきたいことは、日本が太平洋戦争時代に多大な迷惑をかけた国々があること、自分たちが自由になるにはその国々と国民の寛大な理解が必要であることを、哲太郎が指摘している点である。一刻も早く自由になりたい囚われの身でよくそこまで気が回ったと思うが、この点は、現在にも生きていることであり、心に留めておいてよいであろう。

3 「狂える戦犯死刑囚」

名フレーズはこうして生まれた

哲太郎が「私達は再軍備の引換え切符ではない」に続いて筆をとった一つは、「狂える戦犯死刑囚」である。「私は貝になりたい」の名フレーズと思想が世に送り出されたのは、この作品においてである。人間社会に人間が殺戮しあう戦争を避ける方法がないのなら、貝にでも生まれ変わる方がよい、という痛切な訴えである。

この作品が手記としてまとめられたのは、次の項で取り上げる「戦争は犯罪であるか」と同じように一九五二（昭和二七）年一〇月。ついで公刊されたのは、翌一九五三年二月、飯塚浩二編『あれから七年——学徒戦犯の獄中からの手紙』（光文社）においてであった。

この作品は、スガモプリズン時代に書かれているので、本名ではなく、志村郁夫のペンネームで発表された。ただ、その巻頭に《以下は、かつて戦犯であった一市民の綴り方である。かならずしも事実に基づいてはいないが、全部がフィクションだと考えてもらってはこまる》

［一三頁］と断わっている。

「狂える戦犯死刑囚」は、中国戦線関係の戦犯、志村郁夫の手記という形式で書き綴ったものである。筆者の志村がたまたま見つけた「赤木曹長の遺書」を公表するという手法でまとめられているが、赤木曹長も、哲太郎が創り上げた架空の人物で、哲太郎の分身といってよい。

赤木は、内地の俘虜収容所分所の衛生下士官という設定である。日本全体が食糧不足・薬品不足の時代だけに食糧も薬品も十分に手に入らないので、赤木は病気の外国人捕虜の処遇に悩み苦しむ。決して手を抜いたり、怠けていたりしたわけではない。しかし、戦後、軍事法廷においてはそのようなモノ不足・薬不足の時代背景を無視し、俘虜収容所関係者が故意に薬を与えなかったという誤った判断の下で、死刑の判決を言い渡される。

それだけに、赤木は死刑の判決にはまったく納得できない。法廷では自分の主張はほとんど聞いてもらえないし、反論の準備・調査の時間も自由も十分には与えられない。そのため、せめて絞首台にのぼる直前に、時間に追われながら、自分の気持を遺書として書き残すことにした…。

それは遺書というよりも、告発の書であった。人間やその尊い生命をいとも軽く扱う戦争の狂気・理不尽さがまず納得できない。軍事裁判そのものが戦勝国側の一方的な運営・管轄で、敗戦国側の兵士の行為をほぼ一方的に処罰・断罪する。敗戦国側の被告を人間扱いしない点では、報復的・懲罰主義的でもあり、戦争の延長のようなものではないか。そう、志村郁夫、つまり哲太郎は受け止めていた。

まず「狂える戦犯死刑囚」は、日本国内の捕虜収容所で展開される捕虜の生活・処遇ぶりを、また戦後のスガモプリズンにおける日本人戦犯のありようを明らかにしてくれる。それらを通して、戦争の実態、つまり人間がモノ以下にしか扱われない現実を暴露する結果にもなっている。

赤木の遺書は、およそ人間に相応しくない戦争、人間社会と調和するはずもない戦争についてこう糾弾する。

《なぜ人間は戦争なんかするんだ。くだらない！　戦争が嫌なものが悪人で、戦争をするのが善人とされる。この理由がどうしても私にはわからない。どうも、それがのみこめない。俺は狂っているのかしら？　いや俺は狂っていない。アメリカ人が狂っているのだ。》［一八頁］

またスガモプリズンでの戦犯に対する拷問について、「遺書」は告発する。

《幾日寝ていたのか私は知らない。氷責めの苦しさは書きあらわせない。私が一番苦しかったのは、この氷責めだ。奥田もやられた。黒人の狂人もやられた。黒人はワーンワーン泣いて静かになった。奥田は泣かなかった。私も泣かなかった。

泣けないのだ。こんな残虐を人間が人間に加えるとは。ヒューマニティー、愛、慈悲、神や仏はどこへ行ったのだ。》［二九頁］

実は、「私は貝になりたい」という心を打つ珠玉の名フレーズは、これらの告発の中に登場する。その一部は本書のプロローグでも触れたが、改めてその箇所の全文を紹介したい。死刑の執行が目前に迫っている赤木曹長が、鎮魂歌を歌うように、静かに語りだす…。

《こんど生まれかわるならば、私は日本人になりたくはありません。いや、私は人間になりたくありません。牛や馬にも生まれません。人間にいじめられますから。どうしても生まれかわらねばならないのなら、私は貝になりたいと思います。貝ならば海の深い岩にへバリついて何の心配もありませんから。何も知らないから、悲しくも嬉しくもないし、痛くも痒くもありません。頭が痛くなることもないし、兵隊にとられることもない。戦争もない。妻や子供を心配することもないし、どうしても生まれかわらなければならないのなら、私は貝に生まれるつもりです。

外が明るくなっている。少し疲れてきた。今日、私が殺されるというのに、地球は、やはり廻っている。明日、私はもう、この世にはない。けれどまた夜がきて、また夜が明ける。ふしぎだ。私がなくなってしまうのに次の日があるなんて、次の日は私に存在しないのに、他の人には存在する。明日は、私は疲れはてた身体を、ゆっくり休ませることができる。だが他の人々は苦しみあい、だましあうのだ。誰かが殺し、誰かが殺される。》〔二七頁、一一九―一二〇頁〕

このように、「私は貝になりたい」のフレーズは、自身の言葉としてではなく、創作の形で、赤木曹長の遺書の中にこの世に別れを告げる最後の言葉として訴えたものである。戦時中の収容所における対応や処遇が戦犯とされたことへの不満・鬱憤、スガモプリズンにおける死刑囚として連合軍から受けた劣悪な、時には拷問のような処遇に対する不満・鬱憤をこめた告発であり、実際にそのような厳しい体験をした者にしか書けない内容や境地となっている。

なお哲太郎の執筆メモによると、当初は「貝」は「かき」になっていた。推敲の末に「貝」に落ち着く。これ以上ない「貝」にたどりつくのに若干時間を要したのである。

それに忘れてはならないのは、この名フレーズの前に、死刑執行までもう時間のない赤木の気持を通して、《天皇は、私を助けてくれなかった》と、次のような叫びに近い痛切な訴えも行なっていたことである。

《いったい私たちは誰のために戦争したのかしら？　天皇陛下の御為めだと信じていたが、どうもそうではなかったらしい。

天皇は、私を助けてくれなかった。私は天皇陛下の命令として、どんな嫌な命令でも忠実に守ってきた。そして日頃から常に御勅諭の精神を、私の精神としようと努力した。私は一度として、軍務をなまけたことはない。そして曹長になった。天皇陛下よ、なぜ私を助けてくれなかったのですか。きっとあなたは、私たちがどんなに苦しんでいるか、ご存じなかったのでしょう。そうだと信じたいのです。だが、もう私には何もかも信じられなくなりました。》〔二六、一一九頁〕

死刑執行の迫る不安定な気持が土台にある状況下の訴えであることを踏まえれば、一層痛切に響くものがある。この心の奥底から絞り出すような訴えも、実は哲太郎自身が悩み、実感した感慨にほかならない。一体、あの太平洋戦争とは何であったのか。誰が、何のため、誰のために実行したものであったのか。一般市民から見て納得のできる目的・説明などはなく、まさに狂気になって、あたかも殺し合うこと、壊滅しあうことが目的であるかのように兵士たちを犠牲に供したのであった。

平時の市民生活では絶対に許されない三〇〇万人を超える大量の戦没者、殺戮や破壊などのテロリズム、自爆である特攻や人間魚雷の命令などは、誰のためにどのような意味を持って実行されたのか。厖大な戦没者や犠牲者に誰が責任を負うのか。平時の論理、また人間性の論理から見れば、戦争の開始も、特攻・人間魚雷の命令も、犯罪であった。その政策を策定し、命令した者にこそ戦犯として責任をとってもらうべきなのに、そうはならなかった。このことは何度も述べてきたことだが、戦争・軍隊のあり方をめぐって、また太平洋戦争をめぐって深く考えさせられる点である。

もうひとつの「貝」——松谷みよ子の「貝になった子ども」

〈貝〉が印象的な役割を演ずる童話に松谷みよ子の「貝になった子ども」がある。幻想的な雰囲気を漂わせて終わる作品である。松谷みよ子（一九二六〜二〇一五）は『龍の子太郎』などで著名な児童文学者・作家であるが、その彼女が最初に高く評価されたのがこの「貝になった子ども」である。

「貝になった子ども」は、松谷が二〇歳になって間もない、戦後すぐの一九四七年に執筆され、一九四八年に発表された。まだ修業中の最初の作品なのに、坪田譲治が感動したという水準の出来映えである。その坪田の推薦で、一九五一年に他の作品と共に、あかね書房から単行本『貝になった子ども』として出版された。そして、日本児童文学者協会第一回新人賞を受賞する。

戦後すぐの時期に、海底に静かに棲む貝をモチーフにして創作を行いながら、一方の松谷は、戦後の自由、特に女性にとっては初めて手にした本格的自由の中で、優れた才能を思う存分発揮するように、海底で「貝になった子ども」の幻想的な話を描きあげた。

執筆・発表の順序から言えば、松谷のものは一九四八年、哲太郎のものは一九五三年で、松谷の方が先である。それだけに、哲太郎が松谷の「貝」にヒントを得る可能性がなかったわけではない。ただし、松谷のものが単行本になるのは、一九五一年であるが、その頃哲太郎は囚われの身であり、わざわざ新人の童話が差し入れられるとも思えず、まったく知らなかったと考えるのが自然である。

どちらも、「貝」に目を向けた点、また「死」という暗いものが土台にありながら、幻想的で清潔な雰囲気をもつ点では共通している。しかし、「貝」に「なった」と「なりたい」という目のつけどころ、「貝」をめぐる状況も全く違う。

松谷の「貝になった子ども」は、山あいの寒村に住む母子の死別の話から始まる。五歳の幼い息子・弥一が行方不明になるが、その若い母親・おゆうは、悲しみのあまり、気がふれた状態になる。最後に弥一を見たという女の子が、弥一は川に沿った曲がりくねった道をぼてを持ってひとりでずんずん歩いて行ったと話す。

それを聞いたおゆうは、「弥一！」と叫びながら、ずんずんとどこまでも秋の草花を踏みわけて弥一を求め歩きつづけた。夕刻になり、おゆうは疲労で倒れてしまう。冷たい風に触れ、目を覚ましたおゆうは、お地蔵様の蓮華の台の上に三羽のかわいい親子のすずめが話しあっているのを耳にした。

弥一はしあわせだよ。きれいな白い貝になったのね。いいなあ。一番ちいさなすずめが、うらやましそうにいいました。なにもしらない赤ちゃんや心のきれいな子は、また生まれるまで白い貝になって海の底にいるのよ。おかあさんらしいすずめがいいました……ゆらゆらなびいている海草の根もとに、いくつかの白い貝がねむっているのが、はっきりとみえました。

ああ、あれが弥一だ。思わず、おゆうさんはさけびました。

おゆうさんには、いくつかの貝のうち、おかあちゃんとよびかけるように、ちかりと光った弥一の貝がはっきりわかったのでした。おゆうさんのほおにはあたたかななみだが、あとからあとからすべりおちました。……（『貝になった子ども』松谷みよ子全集1、九―一〇頁、講談社、一九七二年）

子どもが行方不明になり、母親が悲嘆にくれる悲しい話なのに、行方不明の子がかわいい白い貝に生まれ変わり、親子が再会するという幻想的なストーリーで、悲しみの中にもさわやかで心の安らぐ結びになっている。

松谷の貝も、哲太郎の貝も、死と絡めて描いたもので、醸し出す幻想的な雰囲気は似ている。しかし作品としては全く別物であり、異質の創作である。ただ若干の類似、それも貝を使い、同じような清潔な雰囲気を感じさせるので、両者は、読むものに重なるように印象づける一面を持っている。

いずれにしろ、膨大な犠牲を払った太平洋戦争直後のまだ混沌とした中に、創作に際して、若い青年男女二人が清潔な白い貝に目を向け、しかも傑作をものにしたことは、忘れてはならない。

4　「戦争は犯罪であるか」

発狂する人々

哲太郎が「私達は再軍備の引換え切符ではない」に続いて筆を執った、もう一つは「戦争は犯罪であるか」である。戦争というものに対する最も厳しい洞察であり、批判であった。それだけに、歴史的にも意味の大きい戦争論である。「一戦犯者の観察と反省の手記」というサブタイトルが付されている。

同論は、「狂える戦犯死刑囚」と共に、一九五二年一〇月にスガモプリズンで執筆され、一九五三年に飯塚浩二編前掲『あれから七年』（光文社）に戸塚良夫の名前で発表されている。

「戦争は犯罪であるか」というテーマは、標題からして、国家と対峙せざるをえない問題である。それだけに、多くの人が議論をすれば、多様な意見がありえ、意見が一つになりにくい。ある意味では難しく、またある意味では深刻な課題でもある。

この問題では、理屈ではなく、戦場という現場で武器を持って戦闘、そして敵兵と向き合う実体験をもった者の主張にこそ耳を傾ける意味も、訴える力もある。哲太郎もその一人で、彼の戦争に関する主張は、観念や理屈ではなく、戦場体験をもとに戦争の実態に基づくものである。同時にそこにとどまらず、戦犯として死刑に追い詰められた体験を持つがゆえに極めて個性的で、従来の理解や認識、あるいは研究水準を大きく超えるレベルのものである。

そこで、ここでも哲太郎の主張・声にじかに耳を傾けてみよう。スガモプリズン入獄中に戸塚良夫の名で発表した「戦争は犯罪であるか」を主に、部分的に「狂える戦犯死刑囚」に依拠しつつ、検討してみたい。どちらにも、戦争に対する見方が他には見られないほど率直に述べられている。人間同士が殺しあい破壊しあうテロリズムを公然と認め、称賛する戦争について、その実態に基づく責任や本質を、人間本位や人間尊重の視点から観察し、痛切に訴えている。

《戦争は人間を発狂させる。死ぬか生きるかという、せっぱつまったとき、あらゆる価値が転倒する。殺人がもっとも大きな美徳とされるのが戦争である。自分が人を殺す、また仲間の兵隊が敵に殺されるのを見る、そして自分もまた、いつなんどき殺されるかわからないという心理が支配的になったとき、人間は発狂するのである。》〔四七頁〕

あるがままの現実を直視した、実に明快な主張である。それだけに、戦争というものの本性をよく見通し、真っ直ぐに受けとめている。これは、哲太郎が「戦争は犯罪であるか」で、戦争の本質をしっかり観察しているという以上に、声を大にして訴え、叫んでいるといってよい一節である。

哲太郎は召集されて、僅かの期間ながら戦場を体験した。一兵卒として、戦争というものの最もいやなところ、目をそらしたくなる場面も体験している。また南方の危険な激戦地の体験は持たないで済んだものの、たまたま命じられた俘虜収容所の勤務のせいで、予想もしなかった戦争犯罪人、しかも死刑に価する行為を行った犯罪人として断罪されかけたこともあった。

それだけに戦争というものから逃げたり、目をそらしたりすることはできなかった。戦争の実態・実際と本質を体験者の目で見つめ、彼なりに深く掘り下げた。

哲太郎が身をもって日本軍の行為や戦闘に触れることになるのは、主に中国における戦線である。そこでの体験・見聞とそれに続く本土での俘虜収容所の任務から、軍隊とは、一方で平常の生活・社会常識、特に人間性の関わる常識が通用しないところであること、他方でそのため処し方によっては、人間性を否定する行為に自らも関わらされるという最悪の事態に追いこまれることも、彼は知った。そこから、戦争の現実から目をそらさないで、かつ深く掘り下げた見方、厳しい評価をせざるをえなくなっていく。

中国関係の戦犯に関しては、中国との講和条約が発効すると、初代総統などを務めた蒋介石が戦犯全員を特赦した。そのため、《中国関係の戦犯が、全員巣鴨から釈放されてしまったという事実……を、唯一の判断資料として、将来の日本国民が、中国で犯した日本軍人の戦争犯罪を無視したり、過小評価したりするようなことになれば、それはとんでもない認識不足で、不幸な事態をひきおこす恐れがあると思う》〔四七頁〕といった注意も喚起している。

そのような体験から、まず哲太郎は自らの置かれた位置、自らの関与・体験した戦争について次のように言う。

《私が、中国において召集兵として作戦や警備に追いまわされていた時、私自身の見聞した諸事実は、日本軍が中国の民衆を正しく取りあつかったと公言しうる材料としては、あまりにもお恥ずかしいものであった。私の知っている狭い範囲の体験からいっても、日本軍のおこなった戦争犯罪が皆無だったとは、とうてい言いきることができない。》〔三六頁〕

彼は中国の戦場のまちで、反日の活動家や八路軍兵士に対して、上官が初年兵たちに藁人形を突くかのように突撃訓練をさせる現場にも立ちあわされている。生きた人間である彼らに向かって銃剣で突撃させるのである。しかも反日分子かどうかの取り調べも極めて不十分なものであることも見ている。

八路軍兵士とされた若者の処刑に際して、中国語の分かる哲太郎は、処刑される兵士が自分は八路軍でなく、普通の市民だと言っていることを耳にしたので、それを上官に伝えると、上官からは相手にされず、むしろ《加藤、お前は血を見て逆上したな、落ちつけ！　いいか、これは済南の憲兵隊から処刑を命ぜられた八路だ。憲兵隊で十分調べられて、八路とわかっているのだ。それに、たとい、一人や二人良民がまじっていたって、かりに、そんな間違いがあったとしても、もう手おくれだ。B中尉はこの処刑を中隊長殿から命ぜられたのだ》（四四頁）と言われる始末である。

その上で、初めての体験でびくつき、突撃の行動に入れない初年兵に向かって、上官は叱咤し、突撃を命じた。

この時、上官は、加藤に向かってさらに続けた。《命令は、天皇陛下の命令だ。……たとい、間違っていても命令は命令だ。ただちに、ことの如何を問わず命令を守らなければ、戦争はできん》〔四四頁〕。天皇の名を出せば絶対の時代である。このような利用が軍隊や戦場ではびこっていたことは容易に推測されよう。

戦争、特に日本軍が大陸で展開した戦争というものは、まさにそのような一面を含むものだった。戦争の軸になる軍隊や戦場には、知性や理性、また実証性や科学性はほとんどいらない。軍隊が正義であり、上からの命令が絶対であるという論理・考え方が幅をきかせるのである。

このような体験から、前述のように、《戦争は、人間を発狂させる。死ぬか生きるかという、せっぱつまったとき、あらゆる価値が転倒する。殺人がもっとも大きな美徳とされるのが戦争である》〔四七頁〕とまで、哲太郎は喝破し、戦争というものを冷静・沈着な判断に基づく正常・適切な状態や行動ではなく、「発狂」状態と言い当てることになった。

これは、戦争を実体験したもの、非人間的で、おぞましい戦争の現実から目をそらさないで見たものの偽らざる気持である。ただし、彼はそのような見方を自己弁護のために正当化し、そこで止まることをしない。むしろ戦争の一端を担った自らの責任についても、逃れずに考察を加える。その結果、命令で動く一兵士といえども、責任を回避することはできないと、自らをも追い込んでいく。

平時の市民本位、戦時の軍事本位

平時の人間社会・日常生活で不法・不当なもの、例えば殺人、暴力、破壊、だまし打ちなどテロリズムと言われるものは、戦時でも戦場でも、非人間的であり、不当なはずである。戦争や戦場も人間の構成する社会や行動の一部であるので、そこでの殺人や放火や破壊も、非人間的であり、人間の行為としては許され得るものではない。

実際に、殺人も戦争も、正義や人道に適うということはありえない。敵国の兵士や市民だからと、殺戮や暴力を正当化することも、人間であればできることではない。

ところが、戦時における殺人を含む行為は、国際法上は直ちには問題とされない。そういった理解や判断は、人間性を無視する全くの御都合主義であり、戦争の例外化・特区化にほかならない。戦争と人間の関係をきちんと詰めないで、戦争は特別、例外だから何をやってもよいという、あまりにも人間性を無視する戦争本位の考えである。それでいて、それがどの国でも通るのである。

戦争という名の下では、政治や行政の指導者たち、また軍部の上官たちは、あたかも絶対的な指揮官や裁判官でもあるかのように、殺戮、暴力などを正当化する。神をも恐れぬ行為である。人を殺すことが認められない戦争など、戦争を指導する政府・官僚・軍人にとってはあり得ないことなのである。

そのように戦争であれ、人間が人間を殺すのを認めることは、人間が人間であることを否定することにほかならない。人間を殺してはならないという倫理・法理は、人間が人間であることの譲れない最低限の証のはずである。その約束事が戦争では当然のように反故にされてしまう。

それに対し、哲太郎は、戦時・戦場だからという理由で殺人をはじめ、テロ行為を認める論理や倫理を受け入れることができなかった。むしろ戦争の犯した行為、しかも道徳的犯罪をも大胆に徹底的に俎上にのせ、検証し、その上で反省し出直すことこそ、戦争にまきこまれた者の責任であると考えたのである。

戦時も戦場も、人間がつくり出し、構成し、演出するものである。そこは、人間が生き、生活し、行動するところ、人間が判断する人間社会の一部にほかならない。

その一部である戦場だけに限ってでも、殺人、放火、破壊、虐待、暴力が認められ、さらに空襲のように一般市街地・市民への攻撃、殺戮、破壊さえ認められるということは、戦争や戦場が人間社会の一部ではなく、その上に来るという理解である。異常な世界や特区の認識なので、そこでは人間社会の常識やルールは無視されてよいということになってしまう。

戦争とは、人間の愚かさ、狂気の表われにほかならない。戦場で行動するのも、野獣やロボットではなく、人間そのものである。そこでは、人間に殺人、破壊、暴虐を認めるのである。まさに狂気以外の何ものでもない。哲太郎が《戦争は狂気》と指摘した通りである。

そういった反人間的な戦争を廃絶できないのも、人間の愚かさ、狂気の表われにほかならない。まさに人間が人間であることを否定する矛盾や不条理が戦争には深く沈澱している。この点を真正面から直視し、十分に納得できるまで問いなおすこともなく、多くの人たちは、殺人や破壊が公然と許される戦争を受け入れてきたのである。

だから、哲太郎は平時に戻った時の対応こそ大切であることを訴える。平時には絶対に許されないことが、戦争だからとどこまで許されるのか。国家・天皇の命令と言われれば、特に戦時・戦場にはそれに背けない。背けば反逆罪や非国民として非難や処断をされる。非難や処断を恐れれば、普段の生活ではありえない殺人など非人間的なことを、上から命令され、実行を強いられると、抵抗できないのである。

それなら、命令に従って行なった行為は、命令者の責任であり、命令されて動いた者は責任を免除されるかというと、哲太郎は、そうは考えなかった。実際に、軍事裁判でも個人の責任も問われた。周りの人間が「政府が開始を決めた戦争だったのだから仕方がない」と言ってくれても、もし殺人や破壊などをやっていれば、人間としての良心が許さない。そうでなくても、戦争が終わって平時になり、特に敗戦国側になれば、上からの命令だったとしても、末端の実行者も戦争責任を問われる危険性が高くなる。それがまた実際に哲太郎が立ち会わされた東京裁判の実際でもあった。

敗戦国の宿命

奇妙なことに、太平洋戦争では、戦時下あるいは戦後処理における非人間的・犯罪的な行為でも、戦勝国になれば、罰せられることはなかった。戦勝国の行為は、戦時下のままの特区的・例外的倫理やルールで正当化され続ける。空襲、それも市街地・住宅地の空襲や原爆の投下も、またいかに多くの無防備・無抵抗の一般市民の殺戮も、まちや文化の破壊も、正当化される。

同様に、戦後処理における敗戦国の戦犯に対する戦勝国側の暴力・拷問等も、処罰されることはない。

ところが、敗戦国になったら、そうはいかない。敗戦国になった途端に、戦時下の行為でも、平時の日常生活の人間性の倫理やルールで、あるいはそれ以上の厳しさで判断される。ちょっとでも違法性や戦勝国側の兵士に不快感を与えれば、厳罰となる。まさに戦争の理不尽さ・不条理が戦後処理のあり方にも投影されているのである。

こうして哲太郎は、戦時下の行為を平時の人間性の倫理やルールで処断される立場におかれた体験から、国・上官の命令である戦時下の殺戮、攻撃、暴力等と共に個人責任についても深く考えざるを得ないことになった。

その過程で、戦時中には政府、政治、行政は、市民の関わることのないところで諸々のことを決定し、命令しておきながら、平時になればその責任を抛り出し、自分を正当化し、守る姿勢に変わることも分かった。一人一人の兵士から見たら、自分たちの行為は上からの決定や命令であったのだから、その結果についても上の方で責任を持ってくれるだろうなどと考えることはしょせん無駄なことであった。政府、政治、行政関係者も、また軍人も、多くは一般兵士がどうなろうと無関心である。自分自身の戦犯容疑を晴らし、生き残るのに全力を尽くすからである。

その結果、いかに多くのＢＣ級戦犯が生み出され、自分の責任と罪状に納得できないまま、処刑や処罰をされたかは、本書でもくり返し触れた通りである。

このように、戦争の開始を決め、兵士を召集し、戦地・戦場に送り出し、数々の命令を出した政府・政治・行政・軍部の上層部など国の指導者たちも、いったん戦争が終り、平時になれば、上からの命令に従った現場の一人一人の兵士の責任までは取ってくれない。それどころか、放置し、むしろ自身の責任を逃れることを優先する。それが太平洋戦争の現実だった。

それに対して、哲太郎は次のように明快に言い切っている。

《日本のやった侵略戦争は犯罪である。この侵略戦争を開始した人びと、それを遂行した人びとは犯罪人である。》［五〇頁］

要するに、戦争を開始し、戦闘を命じた者よりも、命じられて実行した者を主に裁いたのが、極東国際軍事裁判、特にBC級裁判の実態であった。しかも、戦勝国側の一方的な運営と判断で、公平・平等などは遠くに追いやる裁判になったのである。

その裁判について、《この犯罪人を文明の原告、正義の裁判官が裁判するのである――要約すれば、こういうことを主張しているのが米英など戦勝国の戦争裁判の精神である……》〔五〇頁〕と、哲太郎は分析している。

連合国が「文明」や「正義」を持ちだしたのは、至極便利な言葉で、戦勝国が敗戦国を一方的に裁くのを神秘的に脚色して方便に使っただけである。それに対して、《戦勝国の戦争裁判は中世への逆行である》〔五一頁〕とまで、哲太郎は批判する。

加えて、彼はくり返し「戦争は犯罪である」と主張し、戦争を開始し、主導した閣僚、政治家、官僚、軍人などの上層部の責任はもちろん、現場で命令に従って行動した兵士の責任も問うている。さらに重要なことは、彼が戦勝国側の兵士の責任にも言及していることである。正義や不正義はつねに、戦勝国側だけが一方的に主張、使用できるものではない。戦勝国にも、正義のみか不正義も、また不法も行なわれていた。しかし裁かれるのは敗戦国側だけだった。そのように醜い面、差別的な面を持っているのが戦争の現実であり、不条理であった。

末端兵士の責任

戦争が以上のようなものであるならば、市民・兵士はどうすればよいのか。命令・強制され、それを忠実に実行した一人一人の兵士の行為も裁かれるとしたら、しかも命令した政府、政治や行政や軍部の上層が我先に戦争責任を逃れ、兵士・市民を全く守ってもくれないし、助けてもくれないとしたら、兵士・市民はどうしたらよいのか。

一人一人の兵士の行為は平時になって、一人一人が良心の呵責に悩む程度で済むことなのかどうか。哲太郎が最も悩んだところでもある。しかもその呵責・悩みは、国家という強大な組織の前では、また戦争という巨悪の前では何の意味も、力もない。それでも、哲太郎は言う。

《戦地から帰ったとき、そして平和がふたたび訪れたとき、兵隊は良心の呵責にせめられる。けれども、その兵隊は考えてみる。もし自分が戦争に行かなかったならば、あんなことはしなかっただろう、と。彼は罪を命令や戦争に帰してしまって、あとは知らん顔をする。そして多くの場合、嫌なことを忘れようと努力し、やがてほんとうに忘れてしまう。戦争が罪であるという自覚は正しい。けれど、「戦争は犯罪である」という言葉をくり返しても、たと

い百万べんくりかえしたとしても、罪なくして殺された人は生きかえってはこない。》〔四八頁〕

実に正々堂々として、前向きである。責任を逃れるようなことは言わない。

また、《罪を戦争に帰して、あとは知らん顔をする。この知らん顔が曲者である。知らん顔をする理由は、いろいろあるだろう。けれど、この知らん顔をすること自体が、罪の意識があればこそではないか》〔四八頁〕とも言う。この点でも、哲太郎は逃げることをしないで、一人一人の責任にもこだわり、まっすぐに厳しく主張、批判をする。さらに彼は言う。

《罪は戦争にあるのではなく、戦争に参加した各人にある。人殺しが犯罪であることは当然だ。……戦争は犯罪である。ということは、戦争だからどんな悪いことをしても仕方がない、ということに通じている。そうだ、戦争は犯罪である、だから、自分が戦争であんなことをしたのは仕方がなかったというより以上には考えない。あるいは考えようと欲しない人たちは、またいつの日か、強制されて軍隊にとられたら、また同じ過ちをくりかえさないだろうか。》〔四八～四九頁〕

哲太郎は、そのように戦争の犯罪性を確信し、その廃絶を訴えるが、同時にそれを遂行する一人一人の責任も問おうとする。そうすることが、戦争を開始させない強い歯止めになるというのである。戦争は犯罪であり、戦争を開始したり、命令したりする上層の政治家、官僚、軍人の責任はもちろん一番重い。同時に命令されてやむなくであれ、実行行為に加わった兵士の責任も回避できないとする。

その際、哲太郎は考えた。スガモプリズン・巣鴨刑務所で、日本の独立を機に、戦犯の釈放論が盛りあがったときに、自分たち戦犯とされた者が解放されるには、日本軍によって侵略されたり、殺害・破壊を受けたりしたアジア諸国の国民の寛大な取りはからい・許しが必要である、と。それは、戦争には兵士一人一人も責任を負っているという認識の現れにほかならない。少なくとも、自分は別とは考えていなかった証しである。

それだけに、自らの責任を許してもらうためにも、先に引用したように、《平和を愛する諸国民の寛大な取りはからい》［九五頁］が必要と、アジア諸国とその国民に責任と配慮を示したことは留意されてよい。

敵兵であれ、兵士も人間である。その兵士＝人間を殺し、人間の住むまちや環境、生活や文化を破壊したのは、たとえ上からの命令であれ、一人一人の兵士である。もしそうなら、兵士も責任は免れない、と哲太郎は主張するのである。

しかし、普通の人にはそのように明快には言いきれない。あるいは平和主義者でも言いきれない。現実にそこまで踏み込んで発言した人は極めて稀である。かりにそういう人がいたとしても例外中の例外であろう。

なんとなれば、この主張は自らに跳ね返ってくる問題だからである。また、そこまで言えば、もしまた戦争が勃発したら、徴兵を拒否し、さらには犯罪である戦争そのものを否定せざるを得なくなるからである。哲太郎はそこまで考えを巡らし、兵士として責任を負う覚悟も明らかにしている。さらに、もし今後また徴兵されることがあったら、徴兵拒否の覚悟も示したのである。

このように、戦争に関しても、また兵士の責任にしても、哲太郎の考えは、国際法を超えていた。戦争、つまり人を殺し、施設・設備を破壊し、まちや生活を廃墟にする行為は、法律の問題以前に人間の問題と受け止めているからである。国際法自体が整備の遅れた面があり、とりわけ戦争に関する法令は整備が遅れている。必ずしも、国際法で問題にされないから正しいとか、適切であるとか、簡単には言えない。個々の法規にしろ、暴力、虐待、脅しなどに関しても、定義が曖昧で、人道に反する罪という場合の理解も幅が広く、戦勝国の判断で一方的に変わりうる。

戦争回避への道

こうして戦犯の軍事裁判は、敗戦国日本への戦勝国の復讐的、そして「疑わしきは罰する原則」に立つ懲罰主義的裁判であったと、しかもそのあり方が一般兵士にこそ重くのしかかったのが太平洋戦争であった、と、哲太郎は受け止めていた。

《戦勝国の戦犯裁判関係者よ、戦犯裁判が復讐裁判であったことを、自らの手で暴露すべき時がきたのではないでしょうか。今しばらくの時が経過すれば、それは、他国人の手で暴露されることになりますよ。……米英蘭仏のかつての兵隊たち、君たちがいかに戦犯と戦犯容疑者を非人道的に取りあつかい、虐待し、残虐行為をくわえたかを、今や反省して世に発表すべき時ではなかろうか。個人としての君たちが国に帰れば、いかに善良な市民であり、温和な平和を愛する人間であるかは、私たちも知っている。戦争がやはり、君たちを発狂させていたのだ。どうか君たちも、勇気を出して戦争の罪悪をあらわにしてほしい。》〔五九―六〇頁〕

その現実を、哲太郎はわが身、わが心で冷静に観察していた。そこまで突き詰める以上、彼はその先のことも考え、自分なりの結論を出すまでになっていた。

それでは、その先のこととは何か。

哲太郎なりに考える人間らしい反戦争論の思想や倫理に忠実に生き、かつ戦争の理不尽さから、自分を守るにはどうしたらよいのか。そのことを、彼は苦しみながら考え続けた。

それに対する答えは、戦争を阻止すること、戦争の準備をさせないこと、それでも収まらなかったら、逃亡することであった。戦争が始まってからではもう遅い。そこに自分が投げ込まれたら、自由がきかなくなるし、個人の力では上からの非業で非人間的な命令も免れえない。

だから、彼は、自分が巻き込まれたら困る戦争を進める政府や政策を認めないようにすべきだと考えた。それ以外に自分を、一人一人の市民を、戦争の狂気の論理や行動から守ることはできない。できるのは、徴兵を忌避し、どこかへ逃げることであった。そこまで考えたのであるが、指導者たちが戦争という反人間的な行為に突き進み、そのため、まともな人間の方が逃げ出すというのも、バカバカしいことであった。

《こんど戦争があったなら、百計逃ぐるにしかずだと口ぐせのように冗談している多くの戦犯がいた。今ではますます多くなっていることであろう。巣鴨に、モンテンルパに、マヌス島に、多くのこのような人びとが残っている。彼らは、もし万が一にも不幸にして戦争がおこった場合、彼らの力では如何ともすることができなくなった時には、……堂々と逃げるだろう。戦争犯罪を犯さんよりは、監獄を選ぶだろう。》〔四九―五〇頁〕

正義の戦争のためと、命令されたまま従い、責任を果したと思っていたのに、戦後になったら、政府関係者や指導者の大方は逃げるのみで責任をとろうとしなかった。連合国も、政治や行政や経済界の責任には深く入り込もうとはしなかった。戦争の開始や推進に責任を負う上層のものがA級戦犯として死刑など重い刑に処されたのは、ごく一部であった。その分、現場で命令に従ってやむなく行動した兵士たちに責任を押し付ける形になってしまった。そのため、どん底に突き落とされることになった一般兵士と家族が大量に出ることになった。

そうした現実、それに対する怒り・不信感が、哲太郎はじめ、兵士の中でも意識のある者は、もう国の命令といえども従うものか、という率直な考えを持つに至った。戦争が始まったら、召集を拒否し、逃亡を選んだ方がよいという結論である。

しかし、ひとたび戦争が始まったら、逃げて済んだり、逃げ通せたりできるというものではない。それならと刑務所入りも馬鹿ばかしい。人間として人間らしく生きることができるように、また国が命じたからと言って殺人などテロリズムの実行者にならないように、戦争を忌避しようとするものが刑務所入りでは、たまったものではない。どう考えても、戦争で、また戦場で、命令・強制であれ、関わった行為の結果に責任を回避できないと考える以上、逃げるだけではなく、戦争とその条件づくりを阻止する以外ないことに気づくのである。

戦争というものは、人殺し・暴虐・破壊など本来あってはならない反人間的なテロ行為を認めるものである。それでいて、前述のように国際法上は直ちには戦争即犯罪とはされない。現に戦争を起こした国とその指導者のすべてが、戦争が終われば、必ず戦争責任を問われるというわけではない。それだけに、戦争が国際関係の対立・紛争の解決手段として安易に依存されがちになった。

それに対して、哲太郎は、国際法上戦争が認められるような法体系・法理念自体に異を唱える。条約や協定がどうあれ、また法律がどうあれ、彼は人間として人間性の視点から、人が殺し合い、人間であることを放棄する戦争に「ＮＯ」を突きつける。国際法がどう位置づけているかではなく、人間として人間らしく生きるために戦争、すなわち殺戮や破壊を忌避するのである。まさに徹底した人間尊重のヒューマニズムの立場である。

哲太郎は、巣鴨刑務所の中で、警察予備隊など再軍備に反対したのも、平和の維持に力を尽くそうとしたのも、その考えにたどり着いたこととつながっていた。その点は、召集され、戦場で戦わされたもの一人一人が敵国の生きた兵士や市民を殺したことを忘れず、戦後は《平和をたたかいとる運動》〔五三頁〕を起こすべきという主張にも示されている。

しかも、この平和をたたかいとる運動を、哲太郎は戦勝国の軍人にも訴えている。《こんどの戦争に従軍した戦勝国の軍人たちよ、あなたたちも、二度と悲惨な戦争をしたくないならば、平和を愛するならば、あなたの国において、この運動をはじめるべきだ》〔五四頁〕と。

結局、戦争も、それを準備する再軍備も、阻止し、平和を維持する以外に、市民は反人間的行為に関与しないで済むように自らを守るすべがない、哲太郎はそう理解する。

よく兵器あるいは関連機器の精度が上ったと、開発・研究成果を自慢する行政や軍関係者、また企業関係者がいる。それは、より多くの人を殺せるようになり、またより大規模に破壊できるようになったと自慢しているのと同じなのに、当事者たちは兵器の反人間的な本質を自覚する認識が欠けている。否、気づかないふりをしている。

こういった兵器の本質や目的から目を逸らし、機能性、経済性、効率性といった面にのみ目を向けて、不都合な面や反人間的な面からは目をそらすやり方も、哲太郎にとっては許されないことであった。

それは、戦争というものが人間同士の殺戮、破壊、暴虐が基本であることを曖昧にし、単純に国際紛争の解決方法の一つであるというレベルの認識・見方で済ますことを拒否する考えに通じるものである。

思索の深まり

哲太郎は、戦争が勃発すれば、その国・その社会では狂気のリズムと雰囲気がはびこることを説いている。

その狂気のリズムが、殺人も、破壊も、暴虐も、あたかも正義であり、正当な行為であるかのように受け止めさせる役割を演ずる。平時の市民生活の視点や常識やルールからは、徹底的に批判されるそれらの行為が、戦争とその生み出す狂気のリズムに乗って正当化される。ましてや、一般市民への誤爆・犠牲程度などは些細なこととばかり、ほとんど問題にされない。

しかも、その狂気の沙汰が膨大な犠牲を払わせるだけに、一度の反省で二度と戦争に依存するようなことはしないかというと、そうはならない。歴史を見れば明かなように、しばらく経つと、「二度とくり返すまい」という反省や誓いはどこかに置きざりにされ、また同じことがくり返される。

それでも、太平洋戦争後、七〇年以上もの間、日本が戦争に巻き込まれることがなかったのは、幸いであった。それは、太平洋戦争における厖大な犠牲者の発生と無関係ではない。判明するだけでも三一〇万人もの戦没者をはじめ、膨大な犠牲や被害、さらに同じように厖大な他国の死者、破壊等膨大な犠牲・被害を思えば、七〇年余の平和はまだまだ十分に長いとは言えない。むしろ足りないほどである。

そんな戦争の連鎖の中で、哲太郎も一歩間違えば死刑となり、戦争犯罪人として生命を落とした一人になるところだった。彼にしても家族にしても、仮に刑死した結果、英霊視されたり感謝されたりしたところで、なんの意味も喜びも感じないであろう。

哲太郎にも通じることになるが、そのような悲惨な境涯に投げ込まれた弱小の一般兵士たちに応えるには、ある種の政治家が言うように彼らを英霊視して祭り上げることでも、「感謝」の言葉を送ることでもない。「感謝」では太平洋戦争が正しかったという前提に立つことであり、筋違いである。むしろ政治家や官僚自身の責任を覆い隠すもので、犠牲となった無数の戦没者に対し礼を失するものと言ってよい。

戦争犠牲者に対し、また迷惑をかけた国々とその国民に対し、なによりもまず「お詫び」「謝罪」、そして「償い」の気持が表されなくてはならない。同時に、平和を守ること、そのために再び戦争を行なわないこと、また行なわせないことこそ、戦争の犠牲になった人たちに応え、犠牲を無駄にしないことになるであろう。

しかるに、国際関係の摩擦や対立の打開・解決に際し、平和的方法をどこかに追いやって、人間の尊厳を否定する軍事・戦争に依拠する、そうしたあり方を反省もしない政治家や官僚がなお存在する。そういった人物が国民に歓迎される政治や行政が現実のレベルであるとすれば、人間を、また平和を愛する市民は、政治や行政にどう立ち向かったらよいのであろうか。

そのような政治家や官僚の存在を許さないこと、そして戦争という手段を永久に放棄する努力と工夫をすること、それが哲太郎のたどり着いた考えである。そしてそれは同じようにそれぞれ夢や希望を持ちながら、これからという若さで戦争の犠牲になった多くの人たちの無念に応えることになるであろう。

第4章　再起　哲太郎の本懐

1　『私は貝になりたい』の原作をめぐって

テレビドラマ化

自由の身になってほぼ半年ほど経った頃、哲太郎は久方ぶりに秋の紅葉の素晴らしさを味わった。その直後、彼は一つの事件に巻き込まれる。

一九五八（昭和三三）年の一一月から一二月にかけて、哲太郎は自作の「私は貝になりたい」をめぐる著作権紛争という厄介な問題に直面する。「私は貝になりたい」のタイトルおよびそれを基に発想、展開されるドラマのオリジナル性とその著作権・原作権に関するものであった。

「私は貝になりたい」というタイトルは、実に簡明で爽やかな表現・フレーズである。それでいて、純粋さ、清澄さといった品格も、また思想性やオリジナル性を感じさせる深さも持ち合わせている。派手さや華やかさはないが、一度耳にすると、忘れられない響きを持ち、後世に残る傑作となっている。

その作品をめぐる著作権の争いは、その原作者が誰かを問い、結局はその原作・創案者が哲太郎であることを検証・確認しあうものとなった。

「私は貝になりたい」という表現・フレーズは、哲太郎が最初に使用して活字にしたことは、問題なく証明される。日本著作権協議会仲裁委員会の場と斡旋を通した和解でも、そのことが確認されている。ただ哲太郎によって訴えられた作家、およびラジオ東京（ＴＢＳ）は、当初は容易に哲太郎の創案・独自の作品であることを認めようとしなかった。

遡って、一九五八年一〇月三一日、および再放送として一二月二一日、二度にわたって「私は貝になりたい」の標題で、橋本忍作、岡本愛彦演出のドラマがラジオ東京で放映された。大ヒットとなり、芸術祭賞を受賞。さらに、橋本忍自身が監督になって映画も製作し、同様に大ヒットする。

最初のテレビの放映直後、知人よりテレビ放映のことを教えられて、哲太郎は事実の確認、調査に入った。すると、その橋本のドラマが、志村郁夫のペンネームで哲太郎が発表した「狂える戦犯死刑囚」（飯塚浩二編前掲『あれから七年――学徒戦犯の獄中からの手紙』所収、光文社）からタイトルと内容・文章の一部を断わりなく利用したものであることがわかった。

そこで、その橋本作とされた『私は貝になりたい』に対して哲太郎の原作権と著作権を主張することにしたものであった。

その訴えの方法として、哲太郎は弁護士（小林尋次）に依頼し、社団法人日本著作権協議会仲裁委員会に著作権問題の解決法の斡旋を申し立てるやり方をとった。

哲太郎の訴えは、「原作者になんらの許諾なく……無断で原文をそのまま転載するか、もしくは削除、挿入するか又は改ざんし、然も原作者である私の氏名が隠匿せられている疑いが極めて濃厚である」（裁判記録・申立書）というものであった。

特に「テレビ・ドラマと私の原作を比較してみると、私の書いた部分が劇のクライマックスをなすものであり、この劇の中心テーマとなり、然も題名となっている」（裁判記録・申立書）。つまり題名『私は貝になりたい』も、ドラマの筋も、自分のものを使っていると、哲太郎は著作権・原作権を主張する。

タイトルのオリジナリティ

哲太郎による著作権の主張は、当初は橋本忍とラジオ東京の二者に対する訴えであった。しかし、すぐにテレビ放映の直前に発行された映画出版社の『映画評論』一九五八年十一月号に橋本忍の原作として『私は貝になりたい』が掲載されていることが判明。追加して映画出版社も訴えることになる。

「私は貝になりたい」の特異な発想、理念、思想、それに基づく物語化は基本的には哲太郎の手によるものである。哲太郎以外の者には創り得なかった表現であり、そこには厳然とオリジナリティと思想が息吹いている。BC級戦犯としていったんは死刑を言い渡され、まさに死の淵にまで追い詰められた体験をもつ哲太郎なくしては生み出され得なかったフレーズである。特にその深部には、人間同士が殺し合う戦争を犯罪として忌避する思想、つまり戦争は犯罪なのだから絶対に与したくない、それができないなら、二度と日本人として、否人間として生まれて来たくない、という思想が静かに息づいている。

だから、「私は貝になりたい」は、たんに上辺だけを見て、あるいは観念の世界で、誰でも思いつき、創れるものと簡単に片づけられてよいものではない。その表現・タイトルには、死刑囚として追い詰められ、戦争というものにぎりぎり対峙し続けた哲太郎の思い、苦しみ、思想が込められている。

ともかく、この表現・フレーズの深部に潜む反戦と平和の思想性と創造性に敬意を示そうとしなかった作家とラジオ東京の当初の対応には、素人が何を言うかといった傲慢な姿勢がうかがえた。

もちろん、橋本の貢献も認めない訳ではない。「私は貝になりたい」が広く知れ渡ったことには、橋本のドラマが寄与していることは否定しない。ただ、その場合でも、同じドラマの内容であったとしても、タイトルが「私は貝になりたい」でなかったら、またストーリーが「私は貝になりたい」の理念・思想で貫かれていなかったら、かくも人々の心を打つものにはなっていなかったであろう。

それ以前に、哲太郎の「私は貝になりたい」という戦争拒否の個性的・理想主義的なフレーズに触れることがなかったら、橋本自身にもドラマ『私は貝になりたい』に到達する創作意欲や発想は湧かなかったのではないか。それほど、哲太郎が「私は貝になりたい」の発想・フレーズに辿り着いたオリジナル性は高く評価できるのである。

斡旋に入った著名な劇作家たちも、橋本・ラジオ東京側に一歩引かせ、「私は貝になりたい」の哲太郎による原作を認めさせたのも、哲太郎のそういった厳しい体験や苦しみから生み出された創作性を認めざるを得なかったからである。

橋本が「私は貝になりたい」というタイトルを用いたのも、BC級戦犯もののドラマを書きあげたのも、すでにその五年も前に活字になっていた志村郁夫のペンネームで書かれていた「狂える戦犯死刑囚」に何らかの示唆・ヒントを与えられていたはずであった。それを下敷きにしていたのは、両者の用語、文章、表現を比較検討すれば、ほぼ疑いの余地がないのに、ラジオ東京・橋本側は当初その点を軽く考えていたふしがある。

もとより橋本は、哲太郎の「狂える戦犯死刑囚」を参考にし、引用もしている『週刊朝日』を読んだことは認めるが、『週刊朝日』の記事はニュース報道であり、『私は貝になりたい』はそれからヒントを得た橋本自身の創作であると主張した。しかし、橋本は、ヒントを得ただけではなく、タイトルのみか、内容・表現の一部も微妙な形で使用していた。しかも『週間朝日』の記事自体が「狂える戦犯死刑囚」を基にしたものであった。その点は記者も認めている通りである。

そのことについて、橋本は哲太郎の自宅に来て「あの作は『週間朝日』に基づいて書いたのである。いわばニュースを材料として自分が創作したものだ、お気の毒だが悪しからず、原作権は自分にある、という驚くべきものでした」と、哲太郎は書き留めている（裁判時のメモ）。

この点で、哲太郎は、橋本の主張を「一般論として」は認めていた。しかし、橋本の作品は哲太郎の文章から示唆やヒントを得ただけではなく、自分の用語・表現・文章をそのまま無断で借用した著作権侵害であると、哲太郎は受け止めていた。橋本のそのような姿勢は、「盗作」が一般的にそれほど重く見られていなかった時代状況を反映するものでもあった。

ただ、実は取りようによっては、哲太郎の文章からの引用なり盗作なりを否定することは、哲太郎の文章と橋本のドラマのタイトル、そして内容や表現の一致する部分が偶然と言わんばかりの上から見下した対応にもとれるのであった。橋本がタイトルに使った「私は貝になりたい」の表現も、偶然の一致に過ぎないということになる。その点で、橋本らの主張は論理性や説得性の弱いものであった。

特に橋本は、最初の頃は哲太郎に対して自分個人でお金を出すから手を引くようにという程度の対応で、哲太郎の作品に学んだとか、示唆を受けたという謙虚な姿勢を見せなかった。もし原作権が自分にあると確信するのなら、お金など全く支払う必要はなかったはずである。

濁りなき平和論として

最終的には、橋本もラジオ東京も、ほぼ哲太郎の主張に近い解決案を認めるに至る。しかし、橋本とラジオ東京の考え・姿勢には、当初、およびしばらくは、オリジナル性の尊重が基本である作家や著作・報道の世界には、あってはならない誤った認識・姿勢が見られた。

そのことで、事実関係の明快さから単純に解決できると思われたが、意外にジグザグし、時間がかかった。当時、作家の世界では、一部に先行者の著作の引用や利用には厳しさの欠如が見られたが、そんな風潮も関わっていたことであろう。

そもそも、橋本の『私は貝になりたい』が成功した最も大きな理由の一つは、前述のように何よりもその特異でいながら、第一印象がケレン味なく、爽やかに受け止められるタイトルのオリジナル性にあった。そこには、戦争の理不尽さに対する抗議、また戦争の犯罪性を訴える独特の反戦争論を基底にもつ理念・思想が込められていた。たんに響きがよく印象に残りやすいという表現にとどまるのではない。それを超えて「私は貝になりたい」の基底には、戦争犯罪論のような明快な思想が位置づけられていたのである。

その点で、松谷みよ子の名作「貝になった子ども」とは、同じく《貝》を題材に使いながら、根源において異なるものであることは先述のとおりである。両者には、発想や幻想性では類似するところが見られるものの、その相違と二人の位置や状況から、哲太郎の「貝になりたい」は、松谷の「貝になった子ども」とは全く別個のものと理解するのが自然である。

むしろ、若い二人の豊かな才能、発想力が戦後すぐのほぼ同じ時代に開花できたことを大いに喜んでよい。一方が「貝になった」ことで落ち着いた穏やかな雰囲気を幻想的に漂わせ、一瞬であれ、現実の不幸や矛盾を背後に押しやっているのに対し、他方が「貝になりたい」という願望段階にとどまっているが、それが戦争を許容し、強制する社会への厳しい拒否の意識をうかがわせるものとなっている。

そのような哲太郎の創作性を、橋本側も次第に否定しきることができなくなっていく。あえて否定を続けるのであれば、すでに哲太郎によって使用されていた、そのフレーズを自らのドラマのタイトルにわざわざ使う必要もなかったはずである。哲太郎に対しても、そんなに文句を言うのならタイトルを変える、といえば済むはずなのに、「私は貝なりたい」にこだわらざるを得なかったのである。

ともあれ、橋本とラジオ東京側には少なくとも当初はその基になった哲太郎の表現の創作性・作品の独自性への敬意の気持が欠落していた。また芸術・文学の世界のプロである作家とラジオ会社が創作や思想におけるオリジナル性に背を向けた認識に立ったことにも、時代の相違を感じないわけにはいかない。

それでも、その後に映画化の問題もあり、またシナリオ作家協会の八木保太郎理事会長、八住利雄、あるいは菊島隆三など、斡旋に入る人も出てきて、しかも哲太郎の作品の方が数年先行していたという事実が明快なので、橋本も、ラジオ東京も、次第に哲太郎の訴えを認めざるをえなくなっていく。志村郁夫が加藤哲太郎に間違いないのは、光文社と同社専務取締役の神吉晴夫も、また同社発行の『あれから七年』の際の編集者で収録「録音テープ」の担当者の石下通治も証言していた。

かくして、橋本もラジオ会社も、対抗のしようがなくなっていく。というより、そこに至ってようやく著作権の重みが全員によって理解されたということである。

最終決着

一九五八年の末に著作権問題に巻き込まれてから、哲太郎が苦しんだのは、またしても自分にとっては当たり前の事実が必ずしもすぐには認めてもらえないことがあるという点だった。つまり、当初橋本忍とラジオ東京が彼の著作権を認めず、不遜な扱いをしたこと、それでも事実関係が明快なだけに、橋本側も比較的早い段階でいったんは哲太郎の著作権を認めたものの、それが徹底されず、結果として哲太郎が軽く扱われ続けたことであった。

例えば、比較的早い段階の一九五九（昭和三四）年三月に、その月の二五日発行の橋本忍『私は貝になりたい』（現代社、一九五九年）には、中扉に「原作　構成・物語　橋本忍。原作題名・遺書　加藤哲太郎」と明快に記されることになった。ちなみにこの著書には「庶民のもついちばん悲しいおおきな怒り」というサブタイトルが付されている。ここにおいて、橋本は哲太郎の創作・原作を認めることになり、一件落着したかにみえた。

しかるに、ラジオ東京は哲太郎の主張を認めたはずであったが、一年後にまた元に戻し、約束を反故にして『私は貝になりたい』を放映した。先行したオリジナルの原作を尊重する理念や精神にいかに無理解であったかがうかがえる。そのため、いったん話が振り出しに戻りかけ、再度話し合いが必要になった。

このように、何度か解決への試みがなされながら、ラジオ東京側の対応によってなお長引き、一九六〇（昭和三五）年十一月に至って、哲太郎側と橋本忍およびラジオ東京の間に「和解条項覚え書」が交わされるにいたり、ようやく「原作　物語・構成　橋本忍」「原作　題名・遺書　加藤哲太郎」と改めて確認されることになった。

また金銭的補償については、「株式会社ラジオ東京が橋本忍に支払うべき金額の二割に相当する金額を、右会社から直接加藤哲太郎に支払う」（裁判記録）こととされた。

かくして、テレビ・ドラマ史上でも映画史上でも、タイトルとして最も印象に残り、清冽で上品な雰囲気を漂わせる一つとなっている「私は貝になりたい」という表現・フレーズは、哲太郎の原作・創案であることが確認される。

もともと、先行して発表されていた哲太郎（志村郁夫）の「狂える戦犯死刑囚」を、橋本が読んでいないはずはなかった。その作品と橋本の作品の内容や表現の重複性が明らかだからである。そこから「私は貝になりたい」の標題を引き出したことも明らかである。

それなのに、『映画評論』誌上への発表でも、最初のテレビ放映でも、そのことについて橋本・ラジオ東京側は一切の断りも入れなかったことは、作家・テレビ局としてはその面での誠実さに欠けた。その後も、哲太郎側から見て、自身の成果・役割を十分に尊重しない姿勢・対応がくり返されたことも、事態を長引かせるもとになった。

この間、哲太郎の「狂える戦犯死刑囚」ほかが収録された飯塚浩二編『あれから七年――学徒戦犯の獄中からの手紙』の出版元の光文社関係者、ことに石毛通治は、哲太郎と志村郁夫が同一人物であること、「狂える戦犯死刑囚」が哲太郎の作品であり、そのオリジナル性・先行性が明白であることを支持し、協力してくれた。その姿勢・支援は哲太郎にとっては大きな支えとなっていた。

2　人間と戦争　果てしなき対立軸の下で

人間社会と戦争は共存できない

近代における人間の最大の過ちは、人間社会に全く相応しくない戦争を遠い過去の遺物と否定し、廃絶することをせずに、受け入れ、実際に頻繁に行使してきたことである。話し合い、譲り合いを拒否し、人間同士が殺し合う戦争、まち・文化・環境を壊し合う戦争は、最も原始的で野蛮な方法である。日常生活では絶対に認められない人間と人間が殺し合い、破壊し合うことが、公然と認められるわけで、最も反人間的、反近代的な状況である。

そのように、あらゆる暴虐、陰惨、非人間的なものが認められる戦争という、おぞましい用語・方法が掲げられると、原則、規範、価値観が根底から覆る。人殺しも、破壊も、放火も、暴虐も、謀略・だましも奨励される。人間が人間であること・人間らしくあることを止めるように命じられるに等しい。

ただ、戦争は悪いに決まっているが、戦争のみが悪いのではない。悪いのは人間である、つまり戦争が勝手に悪いことを計画し、殺人や破壊を機械的に行っているのではなく、人間が戦争に名を借りてそうさせているのである。戦争を特別視・特区視・例外視して、戦争になれば殺人、放火、破壊など何をしても良いようにさせているのも、人間なのである。哲太郎はそう考えた。

戦争を準備し、開始する政治家や官僚に、戦争の開始や継続に対する責任、また戦争における殺人や破壊や諸々の出来事に責任を負う信念も覚悟もないのに、余りに安易に戦争に近づこうとする。実際に、戦争が終われば責任逃れに腐心する政治家や官僚がほとんどであったのは、太平洋戦争がよく教えてくれよう。それは、哲太郎が実際に体験、見聞した通りであった。

何しろ、国際法でさえ、戦争そのものを直ちに罰するわけではない。というより、国際法は、戦争を阻止し、戦争の非人間性を徹底的に解明・糾弾する理念的・法的整備もなされていない。国際法といえども、正義や博愛の理念の下で、徹底した法整備をはかるどころか、妥協の産物であり、政治的性格を免れることはできない。

日本の行った太平洋戦争については、連合国も明快に侵略戦争としているが、そういう場合以外は、戦争そのものは直ちには罰せられず、罰せられるのは、明快な不法部分だけであった。人間同士が殺し合う戦争が手段・方法として国際的に許容されているとしかいえない現実で、それを承知しているかのように、太平洋戦争が敗戦に終わると、政治家や官僚は我れ先に安全地帯に逃げ込もうとした。気がついたら、一般市民・一般兵士が多く取り残され、戦争責任や戦争犯罪を主に押しつけられていたのである。それこそ、戦争のいい加減さ、非人間性の象徴であり、不条理以外の何ものでもない。

現に、イスラエル軍がいかに多くのアラブ人を殺し、彼らの施設、文化、生活、まちを破壊しようと、またアメリカ合衆国軍がイラク、アフガニスタン、シリアなどで空襲によっていかに多くの市民を殺し、施設や文化や芸術を破壊しようと、自衛・報復や反テロリズム・正義を看板に掲げれば、国際法上直ちに違法とはならないのが現状である。太平洋戦争で、アメリカ軍が原爆投下や空襲で一般市民の大量殺戮とまちの焦土化を行なおうと、何ら罰せられることがなかった通りである。

その非人間性・理不尽さ・不条理を許せなかったのが哲太郎であり、見方によっては、哲太郎はそれほど進んでいたということでもある。というより、哲太郎から見れば、進んでいるのではなく、人間らしく人間本位に考えれば、当然の理解で、むしろ人間として当たり前のことと受け止めていた。

戦争の準備を認め、さらに戦争の開始を決めるのは、理性のあるはずの人間、しかもそれぞれの国の学歴も高いエリートたちである。戦争が勝手に戦争を始めたり、終りにしたりしているのではない。その点を哲太郎は強調する。

そのような人間が人間を否定しあう戦争、人間が人間であることを放棄して殺しあう戦争、その反人間化・反人道化、いうなれば戦争の特区化・例外化を人間および人間社会が認めること、受け入れることを、哲太郎は突き詰めれば突き詰めるほど理解できなくなった。彼は人間として、その理解は譲れない、譲れば自分が人間でなくなると考えたのである。

哲太郎にとっては、どう考えても、人間や人間社会と戦争・殺し合いが共存することは考えられなかった。人間は、お互いに相手を人間として認め合うこと、そして殺し合わないこと、傷つけ合わないことが人間としての最低の証であり、モラルであった。殺人が認められ実行されたら、人間ではなく、むしろ野獣以下である。人間社会が殺人を受け入れたら、人間の最も大切なものを捨て、外見は人間でも野獣以下の生きものの集団でしかなくなる。そうならば、人間が追求してきた理想や理念、例えばヒューマニズム、一人一人の尊厳・自由、また隣人愛や連帯などは何の意味もなく、木っ端微塵に崩壊してしまう。

人間が反人道的行為を戦争という特殊な状況に限って、例外としてであれ、また敵国に対する場合に限ってであれ、認めることは、まさに人の道をはずれることであり、人間否定にほかならない。殺人は平時でも、戦時でも犯罪である。自国・他国という国の相違も関係ない。人間が人間であるためには、その認識・覚悟が必要である。そう哲太郎は考えたのである。

その理想・理念と現実の大きなギャップから生み出されたのが「私は貝になりたい」の幻想であり、そのフレーズであった。

兵士一人一人に課せられるもの

戦争が犯罪であるとすると、命じた者はもちろん、命じられて実行した者の責任はどうなるのか。この点も、哲太郎は突き詰めた。その責任は参加した一人一人にも及ぶ、と。東京裁判の理解や判断はまさにその通りであった。

戦中や戦場では、たしかに上官が絶対で、その命令にはただ服従あるのみである。決して逆らえない。それなら一般兵士は、殺人や破壊などは命令で実行するのだから、あるいは戦争なのだから許されるかというと、哲太郎はそうは考えない。一人一人の兵士も人間である以上、自らの実行行為には責任があると明快に言う。

理論的にも、実際にも、命令されたのだから、あるいは国の指導者が閣議や議会の承認を得て始めた戦争なのだから、一人一人の兵士には責任がないという主張は、ある面で正当であり、理解できる。しかし、それを認めたら、歯止めも秩序もないに等しくなる。兵士たちは、その間、人間であることを停止し、ロボット化したことになりかねない。そうであるのなら、何をしても許されるということにもなりかねない。

しかし、現実には軍隊のルール・戦争のルールは一般兵士にはそう甘いものではない。命令に背くことができないのが軍隊の、また戦争の現実である。にもかかわらず、命じられた者にも責任が伴う。それでは、一般兵士はたまらない。

戦争が終わっても、戦時中に戦場で行なった殺人や暴虐や不適切さなどは、消すことができない。事実は残り、責任も残る。むしろ真の平和も、戦争批判も、自らも関わらされた戦地での反人道的な行為をありのまま告白・暴露するところから始まる。それなしには、戦争を廃絶することも、真の平和を実現することもできないと、考えたのである。

《戦地から帰ったとき、そして平和がふたたび訪れたとき、兵隊は良心の呵責にせめられる。けれども、その兵隊は……罪を戦争に帰して、あとは知らん顔をする。この知らん顔が曲者である。……けれど、この知らん顔をすること自体が、罪の意識があればこそではないか。……。

だから、罪は戦争にあるのではなく、戦争に参加した各人にある。人殺しが犯罪であることは当然だ。戦争はイコール殺人そのものではないとしても、殺人のともなわない戦争は考えられない。》〔四八頁〕

哲太郎は本当に戦争をなくし、平和を実現したいのなら、命じられて行った自らの戦争体験を「バクロ」することを主張する。従来の戦争責任論には、一人一人に、特に下級兵士の責任にまで踏み込む徹底した主張は見られない。一般的には国家の責任を中心に、閣僚など指導者の誰に、どの広がりで、責任があるのか、といった議論であった。

太平洋戦争で言えば、何故日米開戦は避けられなかったのか、開戦に賛同した首相以下閣僚全員に加え、さらに責任はどこまで及ぶのか、天皇にまで及ぶのか、あるいは戦局が悪化し、もはや反撃すらむずかしくなって犠牲が拡大する一方なのに、何故降伏が遅れたのか、何故降伏を早めることで、多数の若者たちの生命を守れなかったのか、その責任は誰にあったのか、あるいは満州事変、日中戦争、インパール作戦など個々の戦争・個々の作戦の発端・開始は誰に責任があるのか、といった戦争責任論であった。

それに対して、哲太郎は、そこにとどまらず、戦争開始をはじめ、戦争全体の責任をまず問い、さらに参加を強いられた一人一人の兵士にも戦場や現場で実行したことに対する責任が伴うと考える。たとえ、上からの命令であったとしても、戦争に関わった一人一人にも責任を負ってもらう。末端の兵士といえども、ロボットでも、無人格・無意識の人間でもなく、意識も生命も夢もある人間であり、自らの行為が末端においてであれ、戦争全体の一端をつくりあげていることを見逃してはならないというのである。

戦争には、反人間性・反道義性がはびこる。人間軽視あるいは無視を当然のことと放置していたら、際限がなくなる。戦後も戦後で、戦勝国が敗戦国の兵士を紙くずやゴミのように扱い、押しつぶしてしまいかねなくなる。その結果、戦勝国側には敵国に対して人間として振る舞い、可能な限り人間的な処理をはかろうとする者がほとんどいなくなってしまう。それがこれまでの戦争の実情であった。

戦争責任論の奥行き

従前の戦争責任論には、戦争そのものが犯罪であるという認識や訴えは、曖昧というより、ほとんどみられなかった。一人ひとりの兵士の責任に関する議論も欠落していた。国際法でさえそうであった。そのため、戦争に関する議論は先に進めないし、抜本的な解決も図れなかった。

一人一人の兵士の責任が曖昧にされると、指導者や上司の責任の議論も、曖昧にされる。戦争の本質・不条理も、どこかに吹っ飛んでいってしまい、まともには議論もされなくなる。

一人一人の兵士としては、戦場に赴くこと、戦闘に参加することが人間としてどういう位置に立たされることになるのか。人間として平時と同じ視点や生き方で通せなくなるときは、どうすればよいのか。その際、責任はどのようになるのか、といったことに、従来は自覚もできないままであった。ただ徴兵されたから、義務を果たすために戦地に出征し、後は命令や指令のまま動くというものであった。その命令のまま行動した結果に対する責任はどうなるのかなどは、きちんと議論されることはなかった。

戦争責任には深く立ち入った研究を残している家永三郎も、一般国民の責任には、著書の一つの節程度の説明は行っているものの、政治家、財界人、知識人・文化人、マスコミ指導者、宗教家など要職や社会的に高い地位にあった者の責任を取り上げる程度である。下級兵士、一般市民一人一人の責任には、特定の個人の自己批判文の紹介など限られた事例に言及するにとどめている。特に戦場に赴き、殺戮などに関わった一般兵士たち一人一人の責任についてはほとんど立ち入っていない。

ただ、留意されてよいのは、家永が吉田満の「一兵士の責任」(「戦中派の死生観」『吉田満著作集　下』文芸春秋社、一九八六年) から引用している文章である (家永三郎『戦争責任』岩波書店、三〇六―三〇七頁)

平凡な一兵士あるいは一市民に戦争協力の責任を問うことは、酷であり無意味であるから責任そのものが存在しないと主張すべきなのだろうか。……おそらく大多数の国民が、ひとしく戦争協力を問わるべきではないだろうか。……このような基本的な戦争協力責任、戦争否定への不作為の責任を改めて確認することが、敗戦によって国民が真に目覚めるということであるにちがいない。

この吉田の見方は平均に比べたら、きわめてレベルの高い認識であり、専門研究者と比べても、むしろ大きく先行している。哲太郎の理解に近い。「不作為の責任」など国民の戦争「協力」への責任について問題提起していることも高い認識である。それについて家永は紹介する程度であるが、哲太郎は、それをも超えて、一人一人の兵士の責任をも明快に問い、命令でしか動けない末端の兵士も責任を回避できないと、逃げ場のない見方を揺るぎなく示したのである。

逃げ場がないということは、命令であれ、戦闘行為に加わるものは、最後の最後まで意思も判断力もないロボットとしてではなく、実は人間として振舞っているという理解である。現実に、ＢＣ級戦犯は軍事法廷ではしばしばその論理で厳罰に処されている。そのことを忘れるべきでも、逃れるべきでもないというのが、哲太郎の理解である。

何となれば、命令に従うだけでも処罰されるのであれば、命令に従うのを拒む兵士が出て来る可能性がある。すると戦争を拒否、さらに根絶する一つの手がかり・方法がこの戦争責任を明らかにすることから得られる可能性がある、と考えるからである。

市民の日常生活では、命令であれ、犯罪に関われば責任を逃れられない。それと同じことである。そうであれば、責任を回避するには、戦闘行為に加わるべきでなく、命令があっても拒否するしかない。しかし、現実にはそれはできないので、哲太郎は、徴兵・召集そのものを忌避する以外なく、以後はそのつもりで対抗する姿勢であった。

かつて、民衆芸術・労働文学の先導者で、アナキスト、社会運動家、評論家、翻訳家でもあった大杉榮は、反戦・平和論においても先駆者であった。例えば、日露戦争直後にヨーロッパの動向を受け止めて、徴兵忌避を訴えたことがある。それでも徴兵され、銃を持たされ、発砲を命じられたら、発砲を命じた上官に銃を向けるべきだというフランスの動きを紹介して主張した。命令のまま、敵国の兵士に銃弾を放ったら、後で犯罪に問われる可能性があるが、命令した上官に銃口を向ける分には、自らが犯罪者にならないための緊急避難の行為であり、その法理で罰せられない可能性が高いというフランス流の考えに学んだものである。

このような戦場で最も厳しい役割を演ずる立場に置かれている末端の兵士たちが戦争への参加を拒否したり、攻撃を拒否したりしたら、いずれ戦争が難しくなる可能性がある。兵士たちこそ戦争否定の基礎や核になりうるということである。戦場から遠いところにいる文化人たちが戦争反対や平和を訴えるよりも、戦場にいる兵士、その兵士になる市民など末端の一人一人が、戦争を拒否することほど、反戦・平和論として強いものはない。一人一人の兵士も戦争責任を問われる以上、市民、そして兵士は戦争を拒否する以外にないと、哲太郎は考えたのである。

こうした一人一人の兵士にも戦争責任があるとする戦争責任論は、徹底して人間的で、かつ現実的な見方であり、戦争廃絶への可能性に通じる理解と言える。哲太郎のこの戦争拒否論・

戦争廃絶論は、決して彼一人のものではない。文章にしたり、口にしたりすることはできないにしても、気持として共感している元兵士は多いはずであると、哲太郎は受け止めていた。例えば、戦争・平和認識を含め、思想的に必ずしも哲太郎とは同一とはいえないが、「生命を賭して戦った」「生き残り特攻隊員」であった元兵士が言うことも、根源のところでは哲太郎と一致している。元兵士は言う。

「人類が戦争を滅さねば、戦争が人類を滅ぼすであろう……」という「戦争の教訓」を自分の生命に代えて訴えたのである。これが「特攻精神の真髄」であり、「特攻平和観音」のみ心であった。（田形竹尾『日本への遺書』五頁、日新報道、一九九六年）

しかし、戦争犯罪論、戦争廃絶論といった徹底して戦争拒否を貫く思想は、容易には大きな声にはならない。戦争を軽く考える人、戦争を利用しようとする人、戦争による殺人や破壊に無関心で心を寄せない人、戦争の本質・実態を理解できない人がなお多い。しかし、人間が人間と殺し合う殺人容認の戦争がなくならない限り、人間は人間とは言えないし、真の平和もやってこない。哲太郎はそこまで見通していたのである。

「私は貝になりたい」の含蓄

一人一人の市民、一人一人の兵士の戦争責任を問うことは容易なことではない。それだけに、従来は研究者でも、哲太郎の認識水準・理解水準にまでは到達できなかった。

家永三郎は、「一口に一般国民といっても、その社会的なあり方が多様をきわめているから、その差異にまで立ち入って責任の有無程度を精細に論ずることは容易ではなく、ここではきわめて明確な典型的な事例にふれるのみにとどめざるを得ない」（家永三郎前掲『戦争責任』二八一頁）と断って、一人一人の兵士の責任には立ち入っていない。しかし、哲太郎は、あえて一人一人の責任にまで踏み込んだのである。

哲太郎も、戦時中から戦争における一人一人の兵士の責任について考えていたわけではない。敗戦後の自身が味わった辛酸・苦衷の中から辿り着いた見方であった。一人一人が責任を問われることになれば、それを避けるには、戦争に参加しないこと、召集の命令がきたら拒否をすること、ともかく関わらないこと以外に方法はない。それを個人で対応するのは難しいので、そこに行く前の段階で戦争に反対し、平和を守るのが一番よい。それでも徴兵・召集されたら、拒否をする以外にないと考えるに至ったのである。

実際に、自分にできることとして、スガモプリズンの中から、哲太郎は再軍備に反対したし、平和の維持にも力を貸そうとした。また「私は貝になりたい」を基軸に戦争忌避論も展開した。ただ、戦争のような醜いもの、非人間的なことに関わらされる人間の世界から離れることは、観念の世界でなら、一人でもすぐに可能である。とりあえずは、人間社会には戻らないで済むように、逃避する以外にない。逃避することで戦争にも、非人間的な行動にも加担しないで済む。そんな幻想の世界で描いた一つの夢が、戦争のない平和な海底に棲む貝になることであった。

もちろん、「私は貝になりたい」は、単純な逃避ではない。その基底には、戦争では命令で動く末端の兵士一人一人も、暴力・殺人など実行行為に関われば、責任を免れることができない、それなら、戦争に際しては、出征に応じないで、人間の住む社会から遠く離れる以外にない、という明快な強い意思・信念が込められている。ただ現実には、徴兵忌避・出征拒否はむずかしいので、せめて幻想の中での抵抗として「私は貝になりたい」という戦争拒否の強い意思を示したものである。だから、平和への、また戦争のない社会への強い意思・渇望が「私は貝になりたい」の基底には息づいている。

ちなみに、哲太郎の「私は貝になりたい」から二〇年後になるが、一主婦が、残酷な戦争が始まるようなら、人間をやめます、と明快に人間社会への忌避を訴えている。哲太郎の到達点・思想に通じる一面を持ち、注意をひく。

戦争は真実「悪」です。戦争をしてもよい理由は、この世に存在しません。奇弁なら星の数ほどありましょう。戦争の残酷さ、悲惨、むなしさ、浪費を百も承知で、またまた「正義」「御国」を掲げて戦争するのであれば、私はもう人間やめます。（岡田洋子「もし戦争が始まったら私は」朝日新聞テーマ談話室編『戦争』上巻、四二頁、朝日ソノラマ、一九八七年）

要するに、戦争に対する哲太郎に見られる厳しい主張は、誰にでもできるものではない。おそらく戦争の理不尽さを自ら体験し、また納得できない理由で自ら死刑の恐怖に実際に襲われ、戦争とは何であったのかをしっかり考え、受け止めることのできた者にしかたどり着けない境地からの訴えであった。

ここまで見れば、くり返すように「私は貝になりたい」のフレーズは、ただ爽やかで品格のある表現という受けとめ方だけでは不十分であることを教えられる。むしろ、戦争拒否の強い意思が伝わってくる。そこには、戦争に参加した悔い、非人間的な政策に加担した悔い、もう二度と戦争に関わってはならないという強い思いが込められている。

「私は貝になりたい」というフレーズが一見したところ逃避、あるいは消極的に見えて、実は読むものの心に優しく、しかし強く響いてくるのは、そのためである。

たった一人で囚われている身では、何もできない。せめて戦争のような醜いもの、非人間的なことに関わらされる人間の世界から逃れることで、観念・幻想の世界で政府・行政・軍部の言いなりにならないことを夢想することが唯一許されたのである。

そのように平和への、また戦争のない社会への強い意思が「私は貝になりたい」の基底には息づいているのである。

3　哲太郎のそれから

晩年の苦悩

一九五八（昭和三三）年四月に巣鴨刑務所から出て家族の下に戻った時、政治や経済も、また市民生活も、戦時中とも戦後の混乱期とも大きく変わっていた。戦争の犠牲者として巣鴨刑務所に囚われている者がなお存在することに関心を示す人々など、その家族を除けばいなくなっていた。

久しぶりの家族との再会と家族生活の再開を喜びつつ、哲太郎がまず必要としたのは、長期の刑務所生活経験者なら誰もが突き当たることだが、普通の日常生活に慣れること、その社会的リハビリに時間を要することを周囲の人間が理解してくれることであった。それが意外に大変だった。同時に、家族関係の再構築、健康の回復、就労と収入の確保も必要であった。

一〇年という長い空白、そして自由のきかない環境と閉ざされた狭い空間での生活から、普通の市民の生活に戻ることは、関係した者にしかわからない労苦や時間を要したのである。

哲太郎の場合も、当たり前のこと、普通のことにさえすぐには対応できなくなっていた。周りからも何でそれができないの、と言われることのくり返しで、そのずれを埋めることが、本人にとっては結構大変なのだった。

その上、生活再構築の基本となり、また迷惑をかけてきた家族に償いをするためにも、収入を得る仕事の方をなんとかしたかった。巣鴨時代から考えていたことであるが、ものを書き、考えることが好きなので、自由の身になった時には、作家・評論家など文学や社会評論方面の仕事に就くことを希望していた。父の背中をみて育ったことも影響していたし、巣鴨時代にいくつか論文を書き、いずれも雑誌や著書に採択されていたことも自信になっていた。ただ、その種の仕事はすぐには安定した収入に結びつくわけではない。当面は何かすぐ収入に結びつく仕事を探さざるを得なかった。

しかし、仕事に就くこと、収入を確保することは、受け入れ側にも年齢や元戦犯という点から、二の足を踏むことがあった。とにかくゆっくりみんなの中に、また社会の中に戻れるようにしようと努めるが、どうしても焦りが出てくる。

そんな状況が展開する年の秋に、病いと闘いながらの対応になったが、思いがけない大きな事件に直面させられることになった。すでに紹介した『私は貝になりたい』をめぐる著作権紛争である。翌年にかけて、大きな方向としては、哲太郎の主張が正当であるという了解が得られた。

その結果、長年の苦労が僅かであれ、報われることになった。ことに自由の身になって間もなく、心身的にも経済的にも不安・不安定な状態での再出発に際して、自らの作品の価値が評価されたことは、精神的にも、また当てにしていなかった収入を得たことで、経済的にも大きな贈り物となる。ことに戦犯を理由に、戦時の補償も保障も剥奪されていただけに一層有り難い恵みであった。

最終的に哲太郎の主張が通ったのは、ある意味では当然のことだった。「私は貝になりたい」は、哲太郎の体験、思想、理想などあらゆるものから絞り出され、凝集された作品・フレーズだったからである。他者が無断でこれを自分のもののように簡単に使うようでは、あまりに軽い扱いになるので、その使う人の姿勢そのものが根底から問われてよい。

もっとも、そこまでしても、哲太郎の作品を使いたくなるほど標題や思想に秀でたものがあったということである。そのような評価を教えられたことは、哲太郎にも思いがけないプラスのサプライズになった。

それと重なる時期に、放免された翌年になるが、一九五九（昭和三四）年七月に、胸の不調に苦しみ、結核の発病に気づいた。亡父・一夫とは明治学院時代以来の親友で、ダンテ研究で知られた中山昌樹のつてで東京都下北多摩郡東村山町（滅・東村山市）の白十字サナトリウムに入院し、肺切除の手術を受けた。一一月には再開胸をした。

その後、しばらくそこに身を寄せ、療養生活に入った。橋本忍やラジオ東京への訴えもこのサナトリウムで考えをまとめたり、発信したりしたものもあった。その点で、健康不如意の状態での著作権問題のやりとりであった。それだけに、哲太郎にとっては厳しい闘いであった。

それでも、この時の入院・治療は、思ったほど長くかからず、早く退院できた。しかし、体調の不良はその後も続いた。長い逃亡とスガモプリズン・巣鴨刑務所における低劣で自由のない生活が、哲太郎の健康を蝕んでいたのである。心身の健康を回復するのも、安定した仕事を得るのも容易ではなかった。

この間に、福子とは離婚することになった。戦後の混乱期に、戦犯を回避すべく逃亡中に巡りあった時は、二人は熱愛しあった。哲太郎が追われる身で、いつ捕まるかわからないのに、福子もひるまず結婚に応じた。哲太郎が逮捕され、巣鴨に入獄してからも、二人の熱愛状態は続いた。

ただ、逮捕され、引き離されてから、哲太郎が家族の下に戻るまでに一〇年を要した。そのブランクは大きかった。彼が解放されて、自由に市民生活を送れるようになったものの、普通の感覚やテンポ、また心身の健康を取り戻すには相当の時間が必要であったからである。

住まいは、最初の頃は横浜市鶴見区下野谷町、ついで川崎市久木町などに変わる。住居は代わっても、主たる仕事は英語塾を開くことであった。他にも翻訳、金融関係など知友の紹介でいくつかの仕事にも就いてみた。そんななかで一番長く続いたのは英語塾での教授であった。その英語塾からは多くの教え子が育ち、彼らは有名大学にも進学してくれた。

仕事に就くことに関しては、出所直前に、職業訓練ということで一時的な仮出所を認められ、通いで川崎の家族の家に戻っては、弟・與志郎の世話で塩化ビニールの材料類の製造に取り組んだこともある。しかし、会社をつくって製造に従事するまでにはいたらなかった。

そんな生活の中で、哲太郎と福子の間には、二人の生き方、考え方、性格で合わぬものが浮き彫りされるようになっていく。結局、二人は、それほど歳月が経たぬうちに離婚することになった。

語り継がれる「心の遺産」 186

自由の身になって、一〇年、そして一五年は、過ぎ去ってみればあっという間であった。気づいたらもう一五年かという早い経過である。哲太郎には、せめて自由になった後の残された後半生くらいは、健康のうちに、経済的苦労もなく、自由な環境の下で生活を享受しつつ、文学論でも反戦争論でもじっくり展開し、深めてほしかった。

特に、哲太郎は、小学校から大学まで慶應義塾はじめ、自由主義的な私学に学んでいるため、軍国化の強まる時代にも、軍隊に入るまでは、自由な空気の下で育っている。戦後の反戦争論も、自由な教育を受けた遠い時代の影響のようなものを感じとれる。それだけに、彼の社会評論、文学論、思想論には興味を惹かれるので、もっと深められたレベルのものにも触れてみたかったという気持が残る。

しかし、さらに一年、二年と歳月は待ったなしに経過する。それと共に、病いも高じ、そのような夢はかなわなくなっていく。

この間、哲太郎は自分なりに努力はしてみた。二〇年近い空白を埋めるべく学習・研究にも打ち込んでみた。作家、評論家、翻訳家への夢もしっかり持ち続けていた。ただ、それらの仕事はすぐに結果や評価が出たり、収入に結びつくわけではない。すると、生活を維持するためには仕事が必要となる。しかし、安定した仕事は容易には手に入らなかった。英語塾の他は、嘱託や臨時的な仕事で、生活を維持することを優先せざるをえなかった。
そんなことをしていると、時間、歳月はあっという間に過ぎ去っていく。むしろ、あせりを通り越し、「悟りに近い心境」になることもあった。

《私は五十七歳、来年の二月二十一日には五十八歳になります。この年になると、〝人生は夢のようなもんだわい〟というような悟りに近い心境になります。そして偉い人が若くして死んでいったことが惜しく思われます。馬齢を重ねているという自覚が私には人一倍強いのでしょうか?……戦中戦後計十五年のハンデキャップを取り戻そうとしましたし、今でも努力しています。これは勿論、心の中で焦っているという意味です。》[一二三頁]

そんな焦りと深刻になる病いの中にも、泉鏡花の作品の英訳、レーニン全集(日本共産党訳)の削除箇所をロシア語から直接和訳することなどの仕事が将来構想の中に入っていた[一二四頁]。しかし、体力の衰えも自覚されだし、それらの仕事も夢に終りそうであった。

哲太郎は、その頃から一層健康を損ないがちで、入退院をくり返した。戦後、ほとんどの人たちが自由になった時代に、一〇数年にわたって、好きな食事をとることも、自由でのびのびした生き方をすることもできなかった。知らず知らずのうちに、身体の根幹が蝕まれていたのである。

そんな状態が続く中で、一九七六（昭和五一）年七月二九日午前八時五五分、入院中の川崎市高津区溝口の高津中央病院において、食道ガンで生涯を終える。享年五九。巣鴨刑務所から解放後、一八年が経過していたが、年齢的には還暦直前の早い旅立ちであった。

葬儀は自宅（川崎市高津区久末三三八）に近い高津区下作延にある市立葬祭場で、長女祈子を喪主に執り行われた。

哲太郎の出所は、父・一夫の逝去には間に合わなかったが、母・小雪の存命中には実現できた。それがせめてもの救いであった。父が亡くなってから二五年、母が亡くなってから七年経過したときの旅立ちであった。大切な青年時代には戦争のために自由が奪われていただけに、出所後、父母への孝行にも、死刑から救い出してくれるなど世話になった弟妹たちにも、御礼・償いに努めたいと思いつつ、ついに十分には果たせなかったという気持をもっての終焉であった。

それでも、彼には「私は貝になりたい」という人々の心の奥底に響く名フレーズ・作品と共に、「戦争犯罪論」や兵士の責任まで追究した「戦争責任論」といった戦争の本質・不条理を白日の下にさらすという貴重な成果が遺されていた。哲太郎は、戦争に、また軍国主義に翻弄されながら、しかし戦争の狂気、反人間的な本質を見抜き、暴いてくれた。その役割・貢献の大きさを哲太郎自身、認識していたとは言えない。それだけになお、今、改めて高く評価されてよい。

哲太郎は、モノ・オカネでは大きなものは残せなかったとしても、彼はそれ以上の最高の贈り物を遺族たちに、また後世に遺していた。「私は貝になりたい」のフレーズと思想に象徴される作品こそ、両親への、妻子への、弟妹への、さらには世話になった恩師や友人たちへのこの上ない贈り物になった。同時に、それは世界の平和を望む人たちへの永遠に生きる心からの贈り物になった。

ただ、哲太郎は自らの作品をそれほど大きな意味・価値のあるものとは受けとめてはいなかった。せいぜい橋本忍のシナリオ『私は貝になりたい』の基になったという程度の認識であった。

しかし、『私は貝になりたい』に象徴される哲太郎の作品の根本に位置する反戦争論の思想は、そこにとどまるものではない。彼が考えた以上に、深さも重みも持っていた。全ての社会、全ての国々から、反人間的な戦争を放逐する必要を訴える強烈なメッセージが込められている。どこかで戦争とその準備が続けられるかぎり、哲太郎の作品は貴重な遺産として受けとめられ、学び続けられなくてはならない。

第5章 「戦争をしない国」への悲願

戦後七〇年の影に

他国に対する殺戮・暴虐・破壊の成功を知って、国・マスコミが諸手をあげて歓喜し称讃するのが戦争である。そこでは、犠牲・被害・殺戮を受けた人々が日本人と同じ人間であることなどは全く忘れられている。その典型が太平洋戦争だった。

大本営発表を信じ、マスコミもあげて日本軍の敗退、損害、犠牲よりも、敵国に与えた戦果と称するものを過大に報道し、それを報道機関も国民もあげて歓呼し、自国の軍隊・軍人を称讃する。そのような戦争を体験した哲太郎が言うように、戦争とは、まさに国の指導者たちを筆頭に関係者が発狂状態に陥る現象だというのがよく理解できる状況である。

市民が形成する社会や地域、あるいは組織や集団のふだんの生活やあり方では、常識や礼儀が生き、知性や理性もきちんと通用する。しかし、軍隊では、必ずしも世間の常識や知性が通るわけではない。ましてや戦争にでもなれば、市民社会と軍隊の間には隔絶するほどの大きな落差が発生する。とりわけ厄介なのは、人間社会の根幹に関わる人間性や人間尊重が背後に押しやられることである。それらを支える知性・理性が受け入れられない異常な状態、いわば発狂状態があたりまえになってしまうのである。

人間社会に、人間尊重や隣人愛、そして知性や理性が通らない世界が形成されるのは異常な事態である。その異常を、国の指導者を筆頭に誰もが異常と思わなくなるので、なお厄介なことになる。説明のつかない戦争、勝ち目のない戦争を始めたり、何十万、さらに何百万に及ぶ死者・犠牲者が出たり、全国の国民が空襲の危険にさらされたりして、勝算のメドが全く立たなくなってもなお戦争を止めようとしない指導者たちに国の舵取りが任された。それでは、一般兵士や市民はたまったものではない。そんな亡国の状況が太平洋戦争時の日本指導者たちの悲しい現実だった。

哲太郎が民主主義と自由主義に立つ私学から民間会社へ、そこから召集されて軍隊に入り、まず最初に驚いたことは、日本の軍隊が特区のように一般社会と隔絶された例外的な社会になっていることであった。常識も慣行も価値観も、ついこの前まで生活していた家庭や地域、大学や会社とは全く違っていた。

かつての軍隊では、上官が部下を殴るのは日常茶番事だった。しょっちゅう部下を殴る上官がいる。結構面倒を見てくれる上官でも、ちょっとしたことでも殴ってくることはつねに覚悟する必要があった。何でこんなに殴るのだろうと思わざるをえない上官もいた。民間の大学・学校や会社では考えられないことである。

ましてや、戦争が始まれば、その軍隊の常識やルールや論理が国全体・社会全体を支配し、市民の日常に通用していた常識やルールや論理を駆逐する。要するに日常のあり方が戦争に合わせて変わってしまうのである。それを警察と軍隊の威力や圧力で徹底・強制するので、市民はもちろん、学者、文化人まで意見や批判の声を上げにくくなってしまう。学者・文化人が、警察や検察、さらに軍部に完全に封じこめられたら、言論の自由・民主主義はおしまいである。

もし首相はじめ、閣僚など指導者たちに人間尊重や隣人愛の思想や理性が生きていたなら、あれだけ厖大な犠牲者が生みだされることはなかったであろう。というより、そもそも戦争開始の段階で開戦に異議・異論をはさむ大臣がいてもよさそうなものである。開戦した後も、犠牲の異常な大きさに即時終結なり降伏なりの意見が具申されてよいはずだ。しかし、そのようなことは、常識や理性が追い払われていた状況の下では、あり得ないことだった。

だからこそ、太平洋戦争において、驚くなかれ、全体では三一〇万人余の日本人関係の戦没犠牲者が出たのである。その数字には、これからという若者を含め、どれほど多くの不幸、絶望、呻吟、辛酸を味わわされた人たちが含まれているか知れない。普通の常識をわきまえた人が許容できる実態や数字ではない。地方なら、県庁所在地の都市一〇ヵ所以上が高齢者も子どもも含め、全壊・全滅させられるほどの数だ。

このあまりに大きな犠牲・被害・不幸は、戦後七〇年以上続いている戦争のない平和な歳月でも償いきれないほどである。それほど厖大な犠牲、損害、不幸、辛酸が生み落とされた。未だにその影響から抜け出せない人も残っている。

しかも、平和の七〇年というが、その間、膨大な軍事予算が積み上げられ、巨額の軍事施設・設備、軍事機器の生産が行なわれてきている。憲法を改正し、戦争を国際問題の解決の手段に堂々と使えるようにしようという陣営も勢力を広げつつある。その流れを喜び、それで潤う政治、行政、企業などの関係者も多く存在している。

かくして、平和な七〇年といわれる間にも、戦争・軍事の準備は着々と整えられてきている。だから、この七〇年は、何の問題もなかった平和な七〇年とばかりは言えない。むしろ、手放しでは喜べない一面も見られる。

現実は、戦争のできる国・戦争を受け入れる国に変わりつつある。秘密保護法、安全保障法、さらに共謀罪（組織犯罪処罰法改正）が短期間のうちに成立した通りである。戦争の準備、戦争の開始によって利益を得ることのできる者、例えば企業・経営者、防衛・軍事に携わる行政関係者、それらを利用する政治家等がいる限り、戦争を歓迎する者、軍備に厖大な予算を回すのを喜ぶ者は絶えない。哲太郎が最も危惧した方向である。

すべての戦争犠牲者を代弁して

加藤哲太郎は、戦争によって、また理想や理性なき指導者によって人生を翻弄され、希望する生き方を、そして夢を、不本意な形で諦めざるをえなくなった一人である。

二四歳から四一歳にいたる一七年間にも及ぶ戦争による市民生活の空白は、大きな痛手だった。その無念さは計り知れない。その結果、夢や希望の大方は果たせず、晩年は何事も中途半端に終ったという感慨を抱かざるをえなかった。両親にも弟妹にも、また恩師や友人にも、御礼や感謝の気持を具体的な形で伝えることができずに。最期は悟りかけた境地に達していたものの、本心は自分の夢・希望のほんの一部しか形にできなかったことに無念さをにじませていた。

それでも、哲太郎は筆がたつ文筆家であった。戦争に対してどうしても許せないこと、我慢のならないことについては論文や作品を残すことができた。多くの若者は、戦場で、また死刑台で、自らの正直な気持、どうしても伝えたいことさえ伝えることも、書き遺すこともできずに苦悶の表情、怒りの気持を隠せずに死出の旅に立った。どれだけ無念で、悔しかったか知れない。

文章の書ける哲太郎は、囚われの不運を嘆きつつも、戦争を実際に体験した者として、またその犠牲になった者として、言いたいことだけは記録に残す決心をした。その意味で、「戦争は犯罪であるか」も、「私は貝になりたい」も、自分一人のためだけではなく、無数の名も無き戦争犠牲者・刑死者に代わって筆を執り、あらん限りの力を振り絞って創りだし、練り上げた成果であり、訴えであった。いずれも、特異な、しかし爽やかに人々の心を打つ発想で、キラリと光るものを持っていた。

とりわけ、目的と手段の一致、理想とプロセスの一致という視点では、哲太郎は例外を認めない。一貫していた。目的や理想がヒューマニズムであり、また平和であるのであれば、手段やプロセスにおいても殺し合う戦争や軍事本位の思想や手段は認めないという一貫性にほかならない。「平時は殺人、破壊、放火も、まただまし討ち、暴虐も認めません。しかし、戦時中は例外で、ふだんの価値観・倫理・法規は忘れて結構です。殺人も放火も破壊も自由です」といったダブルスタンダードがこれまで戦争に関しては公然と認められてきたが、そうした発想を哲太郎はどうしても認めるわけにはいかなかった。明快に、人間と人間社会には、ダブルスタンダードはいらない、平時であれ戦時であれ、ヒューマニズムや平和のみ、つまり人間らしさ、人間尊重で一貫すべきと、哲太郎は考えた。

そこに哲太郎の人間愛と人間本位の徹底が見られ、ヒューマニズムに基づく考え方が深く浮き彫りにされている。また、そこから生み出された成果・作品は、彼のヒューマニズムの真価に加え、他にないオリジナリティが印象づけられるものとなっていた。

戦争の誘惑

どの国であれ、国の指導者たちは、戦争を抑制できている間は、理性的で人間的である。しかし、武力を抑制できず戦争に依存し、戦争を選択した途端に、非理性的、非人間的になる。

戦争というものは、時代と共に良い意味での近代化や適正化を進め得るものではない。一般的に近代化といえば、歳月の経過と共に自由、平等、権利、人間尊重、あるいは生活保障や生活水準でも、より良い方向に、より人間的な方向に発展・向上を遂げるものである。

しかし、戦争は、時代と共に変化を遂げるとしても、より良い方向に、より人間的な方向に変化を遂げることはない。また戦争そのものには、人を殺すこと、施設・設備・文化を破壊することが基本にある以上、ヒューマニズムや民主主義に向かって正常化・適正化など改良・改善を進めることも、ごく例外的な部分を除いてはありえない。

戦争の近代化や改良・前進とは、戦艦・戦闘機・戦車、あるいはミサイル・核兵器など爆弾・兵器類がより精度を上げる、より破壊力を増す、あるいは無差別に殺人・破壊を行なう原爆・水爆などの兵器・爆弾がより破壊力を増す、といった方向への変化である。むしろ、時間・時代の経過・変化と共に、基本的にはより悪い方向に、より反人間的・反人道的な方向に後退する以外にない。だから、戦争や軍備の近代化とは、反人間的な方向にどんどん引きずり込まれることにほかならない。

安倍政権もそのいつか来た道の方向に一歩ずつ近づき、深入りしようとしている。三年ほど前（二〇一五年二月）のＯＤＡ（政府開発援助）新大綱の決定に際して、非軍事分野に限って、他国・他国軍への支援を解禁することにした。しかも、それが拡大解釈・拡大運用される危険性は最初からあるものだった。安倍首相の「積極的平和主義」とは、平和を看板にしながらも、手段としてなら自衛隊など軍事・兵器・兵力であれ、利用できるものは何でも積極的に利用するものであることが明らかになった。「積極的」平和主義ではなく、「軍事的」平和主義の言い違いであったのではないかと思わせるほどだ。本来、戦争・武力・兵器と平和・人間尊重・隣人愛は、対立・矛盾するあり方なのである。

最近の戦争を見ても、人を殺さず、施設・設備・文化も破壊しない近代的で、良識的な戦争など見つけることができない。そういう戦争はありえない。ヴェトナム戦争、アフガニスタン戦争、イラク戦争、また最近のシリアを中心とした内戦・戦争で、当該国の国民、米英の青年たちがどれだけ多く犠牲になっただろうか。アラブ・イスラエルで、ウクライナで、あるいはアフリカ諸国で、今も戦争によってどれだけ多くの人命が奪われ、施設・設備、住宅・まち、文化・伝統が失われつつあることだろうか。

哲太郎が訴えたように、正義の戦争、人道的な戦争、良識のある戦争などはありえない。殺人兵器の使用を認めない戦争、殺人を禁止する戦争、破壊を認めない戦争、騙し打ちを認めない戦争などはありえない。戦争とはそういうものなのである。

戦争を手段として認め、実際に開始することは、人を殺し、軍事施設のみか、市民の住居・まち、文化・伝統等も破壊する方向に踏み出すことである。最近の戦争で、軍事施設以外への攻撃や被害の及ばなかった戦争などはない。市民や文化施設を巻き込む誤爆も頻繁に起こりうる。にもかかわらず、戦争は国際関係の真の解決策にはならない。

同時に、それは、新憲法第九条の「日本国民は、正義と秩序を基調とする国際平和を誠実に希求し、国権の発動たる戦争と、武力による威嚇又は武力の行使は、国際紛争を解決する手段としては、永久にこれを放棄する」という理念や理想とは明らかに相容れない。政治家や官僚・軍人は、この第九条を冷静にくり返し熟読すべきである。

結局、人間性や隣人愛を否定する戦争は、人々が人間として人間らしく生きようとすれば、廃絶する以外にない。戦争に依存することは、人間性を放棄することになるわけで、人間らしく生きるには戦争のない平和な社会が必要である「戦争できない国」「戦争しない国」をみんなでつくる以外にない。それが哲太郎のたどり着いた考えと一致するあり方である。二度と戦争は起こしてはならない。戦争には徹底的に反対する。もし、また戦争が起こり、召集されるようなことがあれば、それを拒否し、逃亡する。そう哲太郎は明言するに至るのである。

国際的対立に際して、戦争による解決を否定しない人たちが予想以上に多いのは現実である。それに合わせて軍事・防衛予算はすでに厖大な額に達しているのに、さらに年々増え続けていく。軍需産業・兵器産業は拡大し、軍需品・兵器類を扱う商社・企業等における取扱高も拡大する一方である。それに応じて、防衛省はじめ官公庁の軍事研究助成、企業の軍事研究の拡大も進む。米軍研究費さえ、受け入れる日本人研究者が増えつつある。そのうち、研究者が官公庁、企業、軍部から軍事研究助成を受けることも当り前になって、批判も少なくなり、後ろめたさも消えていく。

ただし、戦争の非人間性、暴虐性、冷血性などその悪い面の存在を完全に否定する人は、まずいない。それでいて、そういった残虐な面からは目を逸らそうとする人が少なくない。議論をしたがらない人も多い。そういう戦争の本質である負の面を意図的に覆い隠そうとする人たちさえいる。現に、最近でも、アラブとイスラエルの戦争、アフガニスタン戦争、イラク戦争、ウクライナ戦争等で、中には日本政府も間接的に支援した戦争もあるが、いかに多くの戦没者、犠牲者、被害者がでているか、その実態・負の面を国民にも分かりやすく正確に説明されることはめったにない。イギリスなどは、イラク戦争への参戦の是非・被害の実態等の総合的検証を行っているが、日本政府は検証を不要として拒否している。

今後、戦争が勃発したら、ミサイルや核などの兵器、戦闘機、戦艦等の発展からすると、市民、その暮らし、まち、文化、施設・設備等の被害・犠牲は厖大なものになろう。現に、日本も少なからず関わったイラク戦争でも、米英側にも、イラク側にも膨大な死者、犠牲者、さらに軍事上の重要施設のみならず、市民の生活や住宅や文化の被災も広範に生み出されている。それでも、国際的対立の解決方法として戦争を肯定し、戦争に依存しようとする国や指導者は絶えない。

その際、言われることは、理想論・理想主義では紛争・対立は解決できないし、正義も通らない、さらには生き残れないという主張である。それなら、武力を行使する「現実主義」が間違いのない、スピーディで堅実な解決策なのかというと、決してそうではない。

かつてのイラク戦争をみても、イラクに対するアメリカ合衆国中心の武力攻撃は、攻撃の目標・理由が虚構であった上、フセイン体制を簡単に崩壊させたものの、そのトップの一人を倒

すために いかに多くのイラク人、そしていかに多くのアメリカやイギリスの青年たちを死や精神的不安定・混乱状態に追いやったことか。また、いかに多くの文化施設・遺産、町並みや住宅が破壊・喪失されたことか。

しかも、イラクはその後も安定どころか、ますます混迷を深めている。IS（イスラム国）などの跋扈・拡大も目にあまるものがあった。いったいイラクにおける戦争・武力による解決策・成果とは何であったのか、また現実主義とは何であったのか、誰も説明できないし、責任を取る国も指導者もいない。

その他、イスラム諸国とイスラエル、アフガニスタン、ウクライナ、アフリカ諸国などで見られるように、現実的解決策と言われる武力行使・戦争は、間違いなく多大な死者・犠牲者、難民、破壊、不幸をもたらしてきた。しかも、一旦停戦や終息したかに見えながら、その後も戦闘や報復がくり返され、混乱・混迷を深め、長引かせているのが現実である。

それでも戦争準備は続く

現安倍内閣は、躍起になって自衛隊の海外派兵・活動範囲の拡大に努め、戦争容認、戦争参加を容易にしようとしている。たしかに安倍首相は、一方でオバマ前アメリカ合衆国大統領と共に訪ねた真珠湾では、アメリカ合衆国向けには「和解」や「不戦」を口にしつつ、他方、国内では「戦争できない国」「戦争しない国」「不戦」とは反対の方向にどんどん進んでいるのも現実である。

かくして、「いつか来た道」がくり返されようとしている。実はそうした起こってはならない戦争が、歴史的には意外に頻繁に起こってきた。それでも、さすがに戦争直後は、大きな非難・批判、反省・悔恨が寄せられたり、声高に訴えられたりもした。

例えば、新憲法の前文や第九条がその典型であるが、次のように戦争への反省と二度と戦争を起こしてはならないという決意は、敗戦直後、そしてしばらくはいたるところで聞かれたものである。

あしかけ五年にわたる、はげしい太平洋戦争も、日本の降伏によって終わった。

幸いに生きのこったぼくは、二度とふたたび、このような、いたましく、おそろしく、まちばかげた戦争は、人間のすべきことではないという決意を、しっかりと、胸に深くきざみこんだ。（土家由岐雄『天使と戦争』一六六頁、文渓堂、一九九七年）

それなのに、しばらくすると、その批判も、反省・悔恨も忘れられ、また戦争を支持・擁護する声が大手をふるって蘇るのである。その影には、戦争・武力的解決に熱心にこだわる政治家や官僚、そして戦争で巨額な利益をあげる「死の商人」と言われる企業や経営者・関係者たちも必ず位置している。今またその同じ道を辿りつつある。

いずれも、従前と全く変わらない構図のくり返しである。哲太郎は身体を張るように戦争絶対反対を叫んだのに、それが否定される流れである。全く油断できないのが戦争という魔物、そしてその周辺にたむろして戦争を利用しようとする人たちである。

まさに戦争は不死鳥である。それも歓迎されない疫病神、あるいは悪魔扱いされる不死鳥である。しかし、それをどこかで阻止しなくてはならない。人間である限り「戦争できない国」「戦争しない国」の目標を忘れてはならないのである。

かくして、平和な七〇年と言われる間にも、戦争の準備は着々と整えられてきた。だから、この七〇年間は、「平和な」とばかりは言えなかった。まだまだ「戦争できない国」「戦争しない国」に向けて、平和な日々を積み重ねなくてはならない。哲太郎は、戦争で苦しんだ同世代を代表して、それを強く訴えていたのである。

一つの戦争が終わり、ほっとして平和を享受していたところ、気づいてみたら歳月の経過と共に、いつの間にか政治や行政が軍事関係省庁や経済界の要請や支援を受けて、またも厖大な税金を軍事費につぎ込んで戦争の準備を進めている。軍事的準備が整っていれば、戦争という手段に安易に依存するのが歴史の教えるところである。

最近の日本でも、市民から見えないところでは、情報公開で明らかになってきているように、日本の上層部で、核使用はじめ、軍事路線の強化が計画されていた。目に見えるところでも、経済本位・人間軽視が進められ、軍需生産の拡大、軍事費の膨張、戦闘要員の増大が進められてきた。その流れに乗るように、集団的自衛権の閣議決定、特定秘密保護法の制定、武器輸出三原則の変更、米軍機への給油活動を含む他国・他国軍への支援の解禁、自衛隊の海外派遣、憲法改正の条件整備など、着々と進められているのである。その流れが奔流になると、政治家、官僚、軍人、経済人のみか、文化人・研究者まで戦争準備に協力したり、補助金を求め、軍事研究に過剰な関心を示したりするようになる。

二〇一五（平成二七）年度、一六年度、一七年度、さらに一八年度に、安倍内閣が組んだ予算では、軍事・防衛予算は連続の伸びで、戦後最高をくり返している。防衛大臣からも過去最大になることが自讃の声をもって発表された。どの新聞・テレビも「膨らむ防衛予算」「歯止めなく膨張する防衛費」などと報道してきた。その一方で介護保険の介護報酬の引き下げ・保険料の引き上げ、在職者の年金停止・減額など年金の多面にわたる給付減額、生活保護の抑制・運用の厳格化が進行する。

そのような流れに合わせるかのように、二〇一五年新春早々に研究・教育では日本の最高峰を行く東京大学が軍事研究を解禁するという報道がなされた。「一切の例外なく軍事研究を禁止」の方針から、指針を変更し、一部容認に変えるというのである。

軍事研究の解禁といっても、新聞報道なので、東大の真意・方向性がどの程度正確に伝えられたかはわからない。人が殺し合う戦争に加担することをどのように受け止めているのかも不明である。また軍事研究の内容・意味も正確にはわからない。

それと共に日本学術会議会長も、軍事研究の必要をにおわせる発言をしだした。もっとも、最終的には、会長の意向にかかわらず、学術会議としては軍事研究への慎重な姿勢を崩さなかったが。さらに次の会長の下で軍事研究の厳格な基準作りも始められた。その後、本年（二〇一八年）に入り、京都大学も「人類の幸福などを脅かすことにつながる」軍事研究を否定する方針を明らかにした。また法政大学も同様の姿勢を打ち出した。

しかし、いずれにしろ研究者が軍事目的の研究の補助金に関心を示しだしていることは間違いない。軍事目的の研究、また軍が依頼や資金提供をする研究である以上、軍事・戦争に加担することにつながるのは否定できない。その方向に関心を示す研究者が動き出したことは穏やかなことではない。

現に、その後、防衛省などは軍事研究助成の大幅拡大・新設枠の設定に動き出している。政府もその方向を積極的に支援する姿勢である。そのような動き・流れが力を得ていることは明らかで、特に軍事研究とその資金の膨張が注意を引く。防衛予算・軍需産業の拡大を背景に、応募すれば公私の軍事研究費が付きやすく、取得も容易になるので、資金の乏しい研究者には魅力的なのだろう。それだけに研究者の良心とは何かを改めて問い直す必要がある。

かつて、慶應義塾大学医学部において一教授が研究費として米軍資金を受けるかどうかで、一大紛争・反対運動へと発展した事件があった。医学部教授が米軍資金を受けたという事実が伝わると、医学部中心に学生が反対に立ち上がり、ストライキが行われた。その流れから一大学の問題にとどまらず、学者・学生の良心も問われる全国的な関心事になった。全国から注視される中で、最終的に米軍資金の受け入れは中止される。最近の軍事研究を是とする動きの活発化をみると、時代の移り変わりに驚かざるをえない。

文化人たちの転向

すでに言及したように、戦争が魔物であるというのは、人間同士の殺しあいそのものが悪魔の所業としか思えないが、特に次の二つのことが念頭におかれている。

その一つは、人々が殺しあう戦争が、あってはならないはずなのに、反省も生かされず不死鳥のごとく頭をもたげ、実行されてきたこと。どの戦争も量りしれないほど甚大な犠牲や損害、また不幸や悲しみを産み落としてきたにもかかわらず、懲りずに戦争はくり返されてきた。

もう一つは、戦争が進行すると、尊敬に値する国の代表的人物、偉大な文化人まで魔物にとりつかれたように、最後は戦争協力に傾く例が多かったことである。多くの著名な学者、作家、詩人、歌人、思想家、労働運動家、宗教家が戦争協力に与したことはよく知られている。

もっとも、そういった文化人の場合も最初から戦争協力に走ることは少なかった。ある時点までは反戦や戦争への抵抗で踏ん張り続けたのに、最後は国の大勢に引きずられるように極端な戦争協力に傾く例が少なくなかったことも、戦争の魔性を教えてくれよう。

例えば、私の郷里・新潟の大先輩であり、敬愛できる相馬御風や小川未明の例がある（小松隆二『新潟が生んだ七人の思想家たち』論創社、二〇一六年）。二人はほぼ同世代・同時代人、また中学時代（現・新潟県立高田高等学校）や大学時代（早稲田大学）にも、さらにその後も交流の続く二人である。どちらも作家・文学者・研究者であるだけでなく、戦前は社会思想・社会運動に関わるところまで進んだこともある。その彼らも、ある時点までは、むしろ厭戦的・反戦的な作品・主張を見せていたのに、最後は戦争協力にまで進む。

相馬御風（一八八三―一九五〇）は、新潟県頸城郡糸魚川町（現・糸魚川市）の出身で、詩人・歌人、随想家、評論家、良寛研究家、思想家として、さらに地方を拠点に全国に向けて発信を続けた人としても知られている。早稲田大学の校歌「都の西北」「春よ来い」「カチューシャの唄」（島村抱月との合作）などの作詞でも周知の人である。一九一二年創刊の大杉榮らの『近代思想』にも参加しているし、大杉とは社会運動への参加のあり方などをめぐって論争もしている。トルストイにも傾倒し、多くの翻訳・著作がある。

御風は、一九一六年に『還元録』（春陽堂）を発表し、大都会とそこでの自らの過ごし方を厳しく自己批判して、郷里の糸魚川に引き上げる。以後、恩師・島村抱月の逝去と葬儀に際しての上京以外は、東京の土を踏むことはなく、生涯を郷里で過ごす。創作、著作も全て郷里で書き綴られることになる。

小川未明（一八八二—一九六一）は、新潟県中頸《なかくび》城郡高城町（高田町・市を経て、現・上越市）出身。童話を中心にした作家、随筆家、思想家として著名である。童話を文学のステージに引き上げるなど童話・児童文学の世界では傑出した足跡を残した作家であった。

早くも明治末から童話や文学作品を発表する。しかも活動の初期から後のアナキズム的な視点をうかがわせるものがあった。例えば、「人間の作つた規則とか、法律とかいふものが、愛と衝突し、真理と衝突して却つて、人間を苦しめ、束縛する、冷酷にして、不自由なものであるといふことを知つた」（小川未明『物言はぬ顔』二二八頁、春陽堂、一九一二年）といった視点である。大正中頃には大杉榮らの集会にも時々顔を出している。

大正期後半以降にはアナキズム系文学運動のリーダーとして『農民自治』『悪い仲間』『文芸

ビルデング』『虚無思想』『矛盾』『黒旗』『黒色戦線』『黒旗の下に』『自由を我等に』など運動機関紙・誌にも寄稿する。他に日本著作家組合、日本社会主義同盟、日本プロレタリア文芸連盟、新興童話作家連盟などにも参加し、社会運動家として要注意人物にもなっている。戦後、児童文学者協会の会長に就任、あわせて日本芸術院賞を受賞、文化功労者にも選ばれている。

前者の御風は、太平洋戦争下に、時代に合わせた多くのエッセイを書き、戦争に協力する姿勢をみせる。一九四〇年前後までは、論文・エッセーも平和な日常のテーマが多い上、反戦的な雰囲気を持つ作品さえうかがえる。

ところが、戦争末期には、「テンノウヘイカハ　カミサマ」と言い、さらに次のように子どもたちに向かって呼びかけるまでになっていく（相馬御風「イシナゲ」『土の子海の子』五四頁、鶴書房、一九四四年）。驚くほどの変化である。

セカイヂュウ　ウミモ　ソラモ　ツヅイテ　キルノニ　ドウシテ　テキノ　フネモ　ヒカウキモ　セメテ　コナイカ　ト　イフト、ソレハカミサマノ　オマモリ　クダサル　オカゲト、テンノウヘイカノ　リクグン、カイグンノ　ヘイタイサンノ　オカゲ　デス。

御風のような人まで、このように戦争協力、天皇の神格化を進めたのである。

後者の未明も、一九四〇年頃までは、満州事変以降の十五年戦争体制下にも、戦時色・軍国色を感じさせない作品、兵隊が登場しても、むしろ厭戦的雰囲気の漂う作品が目立っていた。「野薔薇」（『小さな草と太陽』所収、赤い鳥社、一九二二年。日本左翼文芸家総連合編『戦争ニ対スル戦争』所収、南宋書院、一九二八年）、「人間は死ぬと、星になるつてな」という老兵士の最後のつぶやきが印象的な「少女と老兵士」（『雪来る』前の高原の話』中央公論社、一九四一年）等である。しかし一九四〇年前後を境に、未明は最後までアナキズムの影響を受けた人間尊重、進取的・創造的姿勢・主張は維持するが、戦時体制への協力姿勢も明白にしていく。

先づこの度の聖戦の意義について知らせることである。幾百万の生霊を犠牲にして、支那四千年の文化を破壊してまで何で、戦はなければならなかつたか、すなはち支那の無自覚なる、欧米に依存して東亜を危くしたためだ。（小川未明「日本的童話の提唱」『新日本童話』一四頁、竹村書房、一九四〇年）

我国の現状は、一億一心と単なる言葉の上とせず、真に実行しなければならぬのであります。……日本精神は、将来、必ずや、世界に滔々たる唯物思想との闘争を免れないであらう。そして、これに打勝の時、人類ははじめて階級の桎梏から解放されて、真の世界平和が実現

するのであります。（小川未明「立派な人間として働け」前掲『新日本童話』一〇一頁）

実は、本書の主役・哲太郎の父・一夫も、本書の第1章ですでに取り上げたように、文学・民衆芸術、労働文学、トルストイの紹介・導入、アナキズム運動などに関わった後、一九三〇年代の進行と共に、農本主義、さらに日本主義・天皇主義に傾斜していく。戦争末期には、「天皇さまは神であらせられる」（加藤一夫『天皇信仰道』龍宿山房、一九四四年）という主張・信仰にまで進んでいく。大正期中心に、一九一〇年代、二〇年代を通じて、自由に、柔軟に、民衆芸術、トルストイ主義、アナキズム、農業本位を訴えていた時代との相違に驚かされるであろう。

ただ、現在のような安全地帯から、彼らを転向などと批判・非難するのは容易である。何が、これらの人たちまで、太平洋戦争下に、戦時国家体制の理解者、戦争の支援者、時には国家主義・日本主義にまで追いやったのか。また大新聞、大雑誌までも、何故こぞって批判精神・中立性を放棄し、戦争協力に積極的に傾き、戦争遂行を支え、人間爆弾の神風特攻隊・人間魚雷、玉砕に呼応、一体化して「聖戦」に声援・称讃を送ったのか。

こうした御風や未明に見られる戦時下の対応は決して一部の文化人だけのあり方・問題では

なかった。多くの作家、詩人、歌人、芸術家が軍事目的の国の徴用に応じたり、戦争を賛美する作品を執筆したりしている。未明らと関わりがあり、児童文学領域では優れた業績をあげ、高い評価を得ている坪田譲治、与田凖一らも同様だった。彼らも御風や未明に劣らぬほどの戦争協力の言動や作品を遺している。

その意味で、文化人の戦争観に対して無関心に、あるいは無批判に素通りすることはできないが、そうかといって安易に批判するだけでよいのかどうか。

大切なことは、ただ批判・非難を行うだけではなく、再び人間否定の戦争がくり返されないために、また思想や理念、見方や関心まで公安、司法、教育などの行政を通して暴力的に規制・弾圧される時代を再来させないために、あるいは一九四〇年代前半のように国をあげて敵国を徹底的に非人間的に扱う異常な思想・雰囲気に支配される時代を再来させないために、何をしたらよいのかである。一人一人が責任を果たせるように、他人事ではなく、自分の問題として受け止め、じっくり考えをめぐらすことが必要である。

その上で、御風や未明や一夫まで戦争協力に進むことになった厳しく、特殊な状況を考察・検証し、自分ならどう対処するか、どう動き、どう責任を果たすかを示すことが意味をもつであろう。

この点で、厳しい戦時下にも、戦時体制に協力する姿勢を示しつつも、最後まで全面的な協力を拒否し、自らの姿勢を守り続けた新居格《にいいたる》は、戦後もよく知りあっていた御風や未明の戦争協力に対する批判は一切行っていない。

また、未明たちと交流のあった土岐善麿がその時代に、「いかになる事態ぞといふよりもむしろみづからいかにこれに対すべきかを考へしか」、また「たたかひはいつを初めとしをはりとせむわれらは今大いなる歴史の中にあり」（土岐善麿『六月』八雲書林、一九四〇年）と歌ったのを思い出す。

この段階で、他人がどうかではなく、「みづからいかに対すべきか」を考え、かつただ勇ましく戦争の高揚・遂行を叫ぶのではでなく。早くも「をはり」にも関心を向けていることは、土岐らしい対応と留意されてよい。

「戦争できない国」を目ざすまちづくり

より良いまち・より良い暮らしを実現するまちづくりと戦争は、調和しない。理念も目標も方法も対立する。

戦争のように武器を使い、人間を殺しあう人間否定の考えや行為は、誰が考えても市民の社会や暮らしにはあってはならないこと、許してはならないことである。

現代では、人々のより良い暮らしは、自分や身内のための持家づくりを超えて、まち・地域全体を視界に入れるまちづくりによって実現される。戦争がより良いまち、より良い暮らしをつくることはない。それが共通の認識である。まちづくりには、兵器も兵隊も、また暴力も戦《いくさ》も全く不要である。むしろ、歴史的にも現状でも、戦争はまちづくりの破壊者であった。まちづくりの人材を戦争にとられたり、空襲などでまちや文化がもう二度と生き返らないのではないかと思えるほど、破壊され尽くしたりしてきた。

そのような動きを敏感に受け止め、かつての失敗の経験も生かして、マスコミはじめ、いろいろな分野のグループや個人が、戦争の批判・阻止に動いてはいる。それはかつての時代とは大きく異なる注目すべき動きである。思い返せば、太平洋戦争では、軍部のみか、政治、行政、経済界、マスコミがこぞって戦争熱に侵され、戦争の支援にまわった。しかし、最近の動きは決してそうではない。多数派にはなりにくいが、一部のマスコミなどが戦争を阻止しようという動きも止めず、声をあげ続けている。

その一つに全国紙、地方紙などマスコミの動きがある。例えば、東京新聞もその一つで、社説や特集で人間社会には戦争があってはならないこと、またその阻止のために何をなすべきか、といったことをくり返し訴えている。二〇一六年新春早々の一月八日の東京新聞社説「『戦争しない国』を貫こう――年のはじめに考える」も、本来は当たり前の主張なのであるが、戦争準備や軍事的拡大の方向に向けて、政府はじめ、政治や行政、経済界やマスコミの一部も、あからさまに動きだしている状況の中では、貴重な訴えであった。その「『戦争しない国』を貫こう」は、多くの人に大きな自信や教訓を与えてくれた。

ただ、「戦争できない国」「戦争しない国」は、黙っていても自然に実現するものではない。一人一人の市民の自覚と動きを土台としつつも、市民が結集する運動として進められない限り、力にはなりにくい。

それも、現代では特定の思想や党派の政治や運動としてではなく、一人一人の市民の自覚と自由な判断に基づいて、特定の思想や党派を超える市民の大衆的運動にならない限り、その運動を長く強く維持することは難しい。平和や戦争は、特定の党派や宗派の問題ではない。人間すべての、また人類すべての問題である。党派、流派、宗派が中心に位置する限り、思想に、また運動に大衆性、市民性、人間性が根幹に根づかないことが多い。

政党にはそれぞれの目的、原則、方針、綱領があり、それはそれで自由でよい。しかし、それが広く多様で、大衆的な市民運動の方針や方法、あるいは指導権などをめぐって対立を引き起したりする。これまでもしばしば経験してきたところである。戦争の廃絶、平和の実現・維持は、個々の政党、集団、宗派を超え、さらにそれらの運動をも超えるすべての市民、すべての人間のものでなくてはならない。

それには、市民による「戦争しない国」づくり・「戦争できない国」づくりが必要である。しかも、より良い生活づくりとつながるまちづくり・暮らしづくりの一環として受けとめることが必要である。観念や思想として「戦争できない国」を描くだけでは、戦争のできない国は実現も維持もできない。それを守る一人一人の意思が観念としてのみでなく、暮らしに根づく形で働くこと、無理にではなく自然にそれがまとまり、一つの大きな運動に発展するほどになることが必要である。それが市民による「戦争できない国」づくりにほかならない。

一般市民も、まちづくり・暮らしづくりなら理解できる。みんなでより良いまち、より良い暮らしをつくろうということなら参加もしたくなろう。そのより良いまちづくり・より良い暮らしづくりには、戦争は絶対にあってはならないのである。

戦争があっては困るという人が普通であるが、中には戦争があって喜ぶ人、戦争の勃発を期待する人もいることは再三述べてきた。経済人のある部分、それに支えられる政治家のある部分、それを担当する行政官庁と官僚たちのある部分、またその流れを支援するマスコミのある部分がそれに入るだろう。戦争を歓迎する人、戦争に期待する人がいる限り、戦争の準備、戦争を実行する環境づくりは着々と進められる。

それを監視するのは、一人一人の市民とその市民を結集する運動以外にない。それがあって新聞やテレビなどマスコミ・報道機関も、また研究者、文化人、芸術家も「戦争できない国」

「戦争しない国」づくりにしっかりと参加を続けられるのである。

より良いまちづくり・より良い暮らしづくりの実践・実現は、長い間「まちづくり」の思想や理念、また組織や運動の欠けていた日本にあっては、今進行中の新世紀の大きな目標であり、課題でもある。

この問題に関連して、政党・党派についてはは先に触れたが、「戦争できない国」「戦争しない国」づくりには、まちづくり運動の他、公益法人、ＮＰＯ法人、さらには労働組合、協同組合などの組織・団体の役割も重要である。というより、これらの組織が現在の壁や限界を克服して発展するには、自らの組織を超えて地域や住民に目を向け、連帯できるあり方を求めることが必要不可欠となっている。

今後も、公益法人、ＮＰＯ法人、労働組合、協同組合は、法的規制・慣行の許すかぎり、大衆性のある組織でなくてはならない。より良い暮しを目ざすまちづくり、生活・地域・環境の維持・改善をめざす運動、また「戦争しない国」「戦争できない国」づくりのような普遍性のある運動と、目的や方法が対立することはない。実際に、予想される以上に、ＮＰＯ法人、労働組合、協同組合などと地域で連携・連帯する必要性も可能性も高まることになろう。

いずれにしろ、哲太郎の考えた戦争犯罪論、そして人間が人間として人間らしく生き続けるには平和を維持すること、戦争を拒否すること以外にないという思想は、「戦争しない国」「戦争できない国」づくりに引き継がれ、生き続けることになろう。

自由と平和と幸福に向けて

戦争ほど、国家、そしてその指導者が市民一人一人に多大な負担や犠牲、量り知れない不幸や悲しみを強いるものはない。ヒューマニズムや隣人愛などは全く通じないのである。

そのような戦争をめぐる独特の視点や思想に見られるように、哲太郎が、政府、行政、軍部の指導者たちの責任を回避し、それを末端の兵士に転嫁しようとする姿勢や対応に戦争の非人間的な本性を読み取っていたことは再三指摘してきた。それは、苦渋や犠牲を強いられたＢＣ級戦犯にほぼ共通する認識であった。それでいて、ＢＣ級戦犯のほとんどの者はそれを声に出したり、文章にしたりすることができなかった。

しかし、哲太郎は黙することをしなかった。そのような諸々のこと、特に戦争を通して彼自身が体験や見聞した辛酸・呻吟を受け止め、克服するように、徹底した戦争否定の思想や論理を展開したのだった。

そうして生み出されたのが既成の反戦論にとらわれない、むしろそれらを超える戦争否定の独自の「反戦争論」であった。

その結果、まとめあげられた反戦争論は、戦争の実態の認識でも、また理念・理論レベルの創造性や深さでも、従来のものを超える境地・理解に達するに至っている。その独創性の発露が「私は貝になりたい」のフレーズと思想であり、また戦争犯罪論・戦争責任論の主張であった。まさしく人々に、人間とは何か、戦争とは何かを改めて深く問い直させるものとなっている。

どんな人でも、徴兵され、戦争の現場に引き出されたら、人間としての優しさ・温かさ・思いやりなどをかなぐり捨て、醜く、冷酷にならざるをえなくなる。否、自分を守るにはそうせざるをえない。そうしなければ自分の方が死に追い込まれることになるからだ。家庭では、謹厳実直で誠実な父や夫、また優しく家族思いの父や夫であっても、戦争・戦場では人殺しの戦闘に参加を強いられるという、狂気以外の何ものでもない状況に追い込まれてしまう。

最近注目を浴びた映画「アメリカン・スナイパー」をめぐるアメリカでの「文化戦争」などは、日本でも大いに議論されてよい。イラク戦争で大量の射殺という「戦果」「功労」を上げたアメリカ兵、彼は名狙撃手であるが、同時に家庭では優しい良き父親である。その生き方をめぐって、賞讃すべきか、それとも悪魔的・反人道的というべきか、議論を呼んだ。

また戦場・現場で民間人、特に子どもに銃を向けざるを得なくなった時の彼の逡巡・苦悩、人間としての優しい心と厳しい心の葛藤、それに続く対応なども議論を呼んだ。それらを含む

「アメリカン・スナイパー」をめぐる多様な評価・議論が、文化論争・文化戦争として戦争の非人間性の位置づけの難しさを教えてくれる。

アメリカという国は、自国が戦争のさなかにある時でも、反戦運動のある部分を許容してきた国である。第二次世界大戦でも、またヴェトナム戦争でも、さらにアジアやアラブでの戦争でも、国内では必ず反戦運動が展開された。それだけに、戦争をめぐっても多様な意見・主張が飛び交う。日本の戦時下のように、国の策も、マスコミの声も、全体の価値観や関心も、ただ単一の方向にのみ向かうというのではない。アメリカは、世界の軍隊のような尊大・傍若無人に振る舞う面と同時に、そのような国策批判・戦争反対を含め、民主主義の最低限は認め続ける面も持っている。

いろいろな議論があるにしろ、戦争が人を殺し合う一面を持つことは誰もが否定できない。もちろん、戦争にも多様な面がある。しかし、人が殺しあう側面の存在を否定する戦争論・戦争観はありえない。だから、どんなことがあっても戦争だけは二度とくり返してはならない、引き起されたら召集・出征を拒否する考えを、遺言でも残すかのように、哲太郎は確信をもって訴えたのである。

《何はともあれ、現在、人間としてなすべきことは、二度とふたたび、人間自身を否定する戦争をくりかえしてはならぬということである。あなたの踏んだ轍を、二度と若い世代に歩ましてはならないのだ。このような大切な時にあたって、あなたは黙っていられるだろうか。沈黙はすでに、道徳的犯罪ではなかろうか？》〔五九頁〕

清澄な「私は貝になりたい」のフレーズをはじめ、「戦争犯罪論」にしても、また一人一人の兵士を含む「戦争責任論」にしても、新しい視点や認識に立つものではあるが、決して単なる観念や理論の産物ではない。自らの苦しい戦争体験、死刑宣告を受けて、生きるか死ぬかといった断崖絶壁の淵に立たされた境地から、しかも現実からも目を逸らさず、戦争というものを直視した結果得られた主張である。人間として二度と戦争だけはくり返してはならない、殺し合いなどという人間に最も相応しくないことをくり返してはならない、という信念が凝集された表現であった。それだけに、鋭い正論で、ケレン味がない。その内容・水準の高さは反戦論・反戦争論として傑出しており、世界に誇れるものである。

にもかかわらず、哲太郎の生涯も、彼の生み出した反戦争論などの思想も、また「私は貝になりたい」という珠玉のフレーズ・作品も、従来は片隅に追いやられていた。それらに関心を示すのはごく少数の人に限られていた。

たしかに、「私は貝になりたい」のフレーズを基に生み出されたテレビドラマや映画の『私は貝になりたい』は、大好評で、脚光も浴びた。予想を超える高い反響・評価と言ってよかった。しかし、その原作者である哲太郎やその基になっている彼の戦争犯罪論など反戦争論の思想にまで関心が向けられることはほとんどなかった。

それだけに、彼の反戦争論は、今後は誰もが目にし、手にできる陽のあたる場所に引き出され、広く読まれ、受容される必要がある。戦争の最大の被害者は、戦場に送られた普通の市民からなる一般兵士とその家族であり、また空襲や戦闘に巻き込まれる無防備の一般市民である。太平洋戦争の現実、そして哲太郎の認識は、そのことをよく教えてくれる。

今、戦後七〇年を超え、「戦争のできる国」「戦争をする国」に進み出ることを期待する人が増えている。軍事予算の超拡大、軍事研究費の増大とそれに群がる研究者の増加など戦争の準備、そしてそれに協力する人が増えている。

しかし、日本人が全体としては、またも戦争の開始を支持するほど愚かであるとは考えたくない。最も人間に相応しくない戦争を支持する愚かさに勝る叡智が、日本人の心には生き続けていると信じたい。

そのような難しい岐路に立たされている現在、哲太郎の反戦争論が広く見直されることを期待せずにはいられない。人間が殺戮し合う戦争の拒否、殺戮や破壊のための兵器の不所持・廃絶が、平和の恒久的維持を保障し、人間の尊厳・自由・平等・幸福を守り、さらに夢や理想や目標の限りない追求を可能にしてくれよう。反戦争論を象徴する「私は貝になりたい」の思想が多くの人に共感をもって受けとめられる日、さらに哲太郎が希求し続けたように、戦争を否定し、平和を願う人間らしい息吹が日本中に、そして世界中に溢れる日がやってくることを願わずにはいられない。

エピローグ　殺戮しあう戦争を二度と起こさないために

昨年が、哲太郎が生まれてから一〇〇周年、また亡くなってから四〇周年にあたった。それに、彼が「私は貝になりたい」の名フレーズを発表してから、昨年でちょうど六五年の歳月が経過した。

「私は貝になりたい」は、哲太郎が遺した反戦争論と戦争なき平和社会論を象徴するフレーズである。反人道的で、かつ犯罪的な戦争をこれほど穏やかに、しかし厳しく批判し、人間が人間性を失わないことを訴えるフレーズはない。従来の反戦論を超えて反戦争論と称した由縁である、

この点で、彼は父・一夫を超えていた。思想家・文筆家の父の後ろ姿を見て育った彼は、いつか自分も父のように、あるいは父を超えるほどに、ものを書くことができたらと、憧れ、夢

見つつ成長した。しかし、彼は、晩年に至るも、民衆芸術、トルストイ研究、創作、翻訳、アナキズムなど多方面で活躍した父をついに超えることはできなかった、と自認する。貴重な青春時代を軍隊や刑務所で自由を奪われていたからである。

しかし、彼は平和と反戦争論では父を超えていた。本人にはその自覚はなかったが、「私は貝になりたい」に象徴される反戦争論では、父も、他のどの反戦論者も超えていた。それほど彼の反戦争論は時代を超え、世界を超えて先行していた。

哲太郎にとっては、社会に目を拡げることができるようになる中学時代以降の大切な青年時代は、戦争と同居を強いられるか、あるいは戦争が市民生活の母屋を奪いとるような戦争一色の時代であった。政治家、軍人など指導者たちは、土地、領土、資源に目がくらみ、人間性を置き忘れて、他国を踏みにじる戦争への道を歩みだす。しかも他国のみか、自国の若者はじめ、多くの国民を犠牲にしてでも、目的を果たそうとした。

お蔭で、哲太郎のみならず彼の世代、つまり一九四〇年代に若者であった人たちは、ほとんどが国家と戦争によって青春を灰色にされたり、黒く覆われたりした。一〇代、二〇代、さらに三〇代は、青年として最も創造的、建設的、芸術的に生きうる時代である。夢や希望や冒険も自由に思い描き、挑戦することができる。それを彼の世代は戦争によって台無しにされたのである。どれだけの損失であったか量り知れない。

そのように青春を奪われた分、哲太郎は、戦後に至ってからではあるが、その戦争というものに真正面から向き合い、そのおぞましいありのままの姿を暴き出すことをする。その訴え・暴露は予想以上に強い力をもっていた。戦争の現実・実態を、観念や理念レベルの展開ではなく、普通の市民の織りなす日常生活の常識、倫理、ルールから直視し、受け止めたままを描出したものであったからである。

戦争というものは、実態を直視すれば、市民の平時の日常生活の常識や倫理やルールからは想像もつかない異常なものであることが一目瞭然である。普通の市民社会には絶対にあってはならないことが戦争では堂々とまかり通る。万一日常生活で行われれば、非人間的で重大な蛮行以外の何ものでもないことが、大手を振って許されるのである。

例えば、有無を言わせぬ殺戮や破壊の命令、生きて還れぬ特攻・人間魚雷の指令、全滅や全員玉砕の決行。また銃後の一般市民まで戦闘に巻き込む玉砕や全滅作戦。民家を焼き尽くし、市民の逃げ場であった防空壕まで攻撃して無防備の一般市民を死に追いやった空襲。さらに無差別に乳幼児、高齢者、女性も含む大量の市民を殺し、まちを焦土と化した原爆投下。

いずれも、市民の日常生活では、絶対にありえないこと、許されないことである。狂気としかいいようのない反人間的なテロリズムである。それが戦争となると許されるのである。戦争が始まれば、人間が人間らしさを放り出し、狂気や野蛮の中を彷徨《さまよ》い出す。人間なら絶対に関わってはならない数々の非人道的な政策や計画や行動が実行されるのである。

戦後になればなったで、戦勝国は平時の倫理や法理で、十分な審理や反論も許さずに、一方的に敗戦国の兵士を戦犯として処罰する。公平に客観的に裁けば、軽い刑で済む一般兵士が死刑になることも例外ではなかった。哲太郎が東京裁判を報復的と称した通りである。

加えて、哲太郎が思い知らされたのは、責任ある地位にいて戦争の開始、継続を決めた指導者たち、それに従い命令を下した者たち、またそれを声高に支援した者たちが敗戦となって、われ先に逃げ出し、責任を逃れようとしたことである。実際に責任をとらされた圧倒的多数は、命令され職務として遂行した一般兵士であった。

それでも、どの国もそんな過酷な体験をした直後は、反人間的な戦争を絶対に受け入れない。二度と戦争などを引き起さない。そのために、「戦争と、武力による威嚇または武力の行使は、国際紛争を解決する手段としては、永久にこれを放棄する」（日本国憲法第九条）といった強い決意も示す。

ところが、歳月の経過は、政治家、官僚、特に防衛省関係者、兵器の製造・販売で利益をあげる企業・経営者たちに戦争に向けた準備を認めるようになる。その流れがあっという間に広がり、いつの間にか、軍事大国に成長する。防衛予算は厖大化する。軍事研究に参加、協力する研究者も増加し、関わってはならない戦争という魔物にまたも麻痺させられてしまう。

それに対して、哲太郎は戦争というものを徹底的に突き詰め、その反人間的実態と不条理を明らかにした。

その結果、人間が最も関わってはならないものが人間性を否定する戦争であるのに、その戦争を利用して利益・役得にありつこうとする者が意外に多いことも分かった。それだけに、彼は、戦争というものを二度と起こしてはならないという声が市民の日常生活や一般兵士の視点や体験から湧き起こることを期待した。政治や行政や経済界に任せておく限り、戦争に利益や役得を期待する者が多いので、戦争の廃絶は容易には実現できないからである。

そういった哲太郎の理想や夢、また理念や思想の先導性を考えるとき、我々は彼の名前と役割をしっかり心にとどめ、いつまでも忘れてはならないことを教えられる。彼は、自らも戦争の犠牲になりながら、めげずに人々が人間らしく平穏・安全・安心のうちに生活できるように、また戦争と兵器を永遠に放棄して、国際関係でも人間らしく信頼しあえるあり方を維持できるように、貴重な主張を展開した。

人間が人間性や隣人愛を見失う戦争に抗議した「私は貝になりたい」のフレーズは、決して強烈な光を放つものではない。しかし、今もなお爽やかな響き、ささやかな光を放ち続けている。その光は日本にも、そして世界にもなお大切な導きとして必要とされている。殺し合いや破壊を常とする戦争を是とする人たちがなお多く存在しているからである。そうであれば、人間らしく生き続けるために、戦争を拒否する「私は貝になりたい」とその思想を今後も永く守り続けることが、残された者の責任と言ってよいであろう。

あとがき

加藤哲太郎の名は知らなくても、テレビドラマや映画を通して『私は貝になりたい』のフレーズやストーリーを記憶している人は少なくないのではないか。その心に残る『私は貝になりたい』の原作者こそ、彼・哲太郎である。

『私は貝になりたい』は、人間が殺し合う戦争のむごさ、醜悪さを心の奥底から静かに、しかし心の限り訴え、殺し合いも、破壊も、脅しもない平和な暮らしへの渇望を謳いあげたフレーズであり、作品である。

哲太郎は戦争・戦場の実体験、とりわけ軍部に命じられるまま忠実に業務に精励したのに、戦後、そのことで戦犯として死の淵にまで追い詰められた体験から、戦争というもの、同時に戦争に関わる人間というものをとことん突きつめて考えてみた。その結果、戦争ほど人間を非人間的に扱う仕組みや手段はないと言い切るまでになる。

人間本位に立てば、戦勝国も敗戦国も人を殺しあい、壊しあう点で、どちらも反人間的であり、共に戦争責任を負う。戦争責任には勝ち負けは関係がない。人間にとって最も人間らしくなく、また最も相応しくもないのが戦争である。そのように、哲太郎は確信もって受け止め、その廃絶を訴えた。

これまで多くの人が、戦争を論じ、批判もした。その中では、戦争の実態と真実に、人間性の視点から深く迫った点では、哲太郎は群を抜いている。実際に、「戦争は犯罪である」、末端の兵士といえども戦争責任を逃れることはできない、とまで言い切れた人はほとんどいない。

その点で、彼の戦争認識は、すべての戦争論・反戦争論の原論、とりわけ反戦争論の原論の位置にあるといってよい。戦争を手段として認める人も、そうでなく拒否する人も、共に熟読する価値のある洞察である。

憲法改正を急ぎ、第九条の平和国家の理想を変えようとする人たちも、この哲太郎の反戦争論、そしてその土台となった太平洋戦争の現実をしっかり受け止め直すところから始めなくてはならない。

そのように、徹底して人間の尊厳を守り、人間らしく生きる思想に立つ哲太郎の戦争否認の思想の高さや深さから、私は既存の反戦論と区別する意味で、あえて彼の思想を〈反戦争論〉と位置づける。それは、反戦論ではたんに〈いくさ〉に反対するという狭い意味にも取られかねないが、哲太郎にあっては、人間らしさの視点から戦争の現実・実態を直視し、戦争そのものを全面的に否定する思想に立つに至るからである。

私が加藤哲太郎を知ったのは、もう四〇年以上も前のことである。もともとは哲太郎の父・

一夫の研究を通してである。一夫は牧師として世に出るが、大正デモクラシー運動の出発と共に民衆芸術運動やトルストイ研究の先導者に転身する。その後、個人紙誌（運動）、アナキズム、農本主義、国家主義、天皇主義などにも関わる。

その一夫について、生涯と思想を、私が最初に論文にまとめたのは、今から三〇年ちょっと前の一九八五年のことである（拙稿「土の叫び地の囁き——加藤一夫の生涯と思想」『三田学会雑誌』第七八巻第四号、一九八五年一〇月）。それ以後、一夫についてはいくつか論文を発表する。

さらに、いずれも、哲太郎の妹・不二子（内海）さんが主宰あるいは中心になった一夫の専門研究誌『加藤一夫研究』（一九八七年三月創刊）にも参加、執筆した。

同時に、一九八七年一二月に賀川豊彦記念松沢資料館・会議室において開かれた一夫の生誕百年を記念する会および展示会には、野口富士男、紅野敏郎、石田アヤ氏等と共に、私も発起人の一人として参加した。同会には、井上靖、奥野健男氏等も出席した。

そんな関わりや興味から、まず一夫の生涯と思想に取り組み、一書にまとめるつもりであった。ところが、「私は貝になりたい」の魅力や時代の要請に応える必要性の方に惹かれ、いつの間にか息子の哲太郎研究の方が先にまとまり、出版ということになってしまった。

その間、不二子さんはじめ、その長女の上田説子さんら加藤家・内海家の皆さんには、大変お世話になった。ただ、私の著書が世に出る前に、不二子さんは不帰の客となってしまった。かえすがえすも申し訳なく、残念至極である。

また、出版については、一夫の縁で春秋社にお世話になることになった。実は一夫は、春秋社の創設メンバーの一人であった。大正デモクラシー下の一九一八年に、神田豊穂を中心に、植村宗一（直木三十五）、古館清太郎、一夫ら理想に燃える若者が集まり、トルストイ全集などの刊行も視野に春秋社を創設する。そんな春秋社と一夫の関係から、長きに渡り、神田明（会長）、澤畑吉和（社長）、高梨公明、鈴木龍太郎氏ら春秋社の皆さんには、多くの御教示・御指導を頂くことになった。その御指導がなかったら、本書は今回のような形で世に出ることはなかったと思っている。春秋社の皆さんには心から感謝と御礼を申し上げる次第である。

なお、哲太郎の論文や作品は、戦犯として、また死刑囚として追い詰められた境涯に置かれて、心から絞り出すように生み出されたもので、生々しさが息づいている。その彼の声に直接触れてほしくあえて引用を多く用いている。その際、いちいち『私は貝になりたい』（春秋社）の書名は記さず、引用出典のページ数のみ記した。

本書が、加藤哲太郎の再評価のきっかけに、また人間が人間らしく平和に暮らすことのできる社会づくりの一助になれば幸いである。

二〇一八年五月

小松　隆二

参考文献

加藤哲太郎『私は貝になりたい』（春秋社刊、初版＝一九九四年、新装版＝二〇〇五年、普及版＝二〇一八年）
＊本書は、哲太郎の妹・内海不二子氏が収集・保存してきた哲太郎の論文・エッセー・資料類を編集したものである。普及版では巻末の一部資料（著作権紛争の経過資料）が割愛されている。

上松慶太『極東国際軍事裁判――これが文明野審判か』人物往来社、一九六二年
実松譲『巣鴨――スガモ・プリズン獄中記録』図書出版社、一九七二
大谷敬二郎『戦争犯罪』新人物往来社、一九七五年
内海愛子『朝鮮人ＢＣ級戦犯の記録』勁草書房、一九八二年
櫻木富雄『日の丸は見ていた』マルジュ社、一九八二年
島村喬『東京裁判秘史――日系通訳官の凄惨な死』ゆまにて、一九八三年
家永三郎『戦争責任』岩波書店、一九八五年
高山輝男『「天皇の赤子」たちはいま』アス出版、一九八五年
家永三郎『太平洋戦争』岩波書店、一九八六年
塚本三夫『侵略戦争と新聞』新日本出版社、一九八六年
朝日新聞テーマ談話室編『戦争』上下、朝日ソノラマ、一九八七
山村基毅『戦争拒否一一人の日本人』晶文社、一九八七年

大須賀・M・ウイリアム、大須賀照子他訳『ある日系二世が見たBC級戦犯の裁判』草思社、一九九一年
三浦永光『戦争犠牲者と日本の戦争責任』明石書店、一九九二年
粟屋憲太郎他著『戦争責任・戦後責任　日本とドイツはどう違うか』朝日新聞社、一九九四年
小林信彦『一少年の観た〈聖戦〉』筑摩書房、一九九五年
高崎隆治『雑誌メディアの戦争責任』第三文明社、一九九五年
アジアに対する日本の戦争責任を問う民衆法廷準備会編『不服従の思想と行動』樹花舎、一九九八年
赤木かん子編・手塚治虫他『戦争』ポプラ社、二〇〇一年
内海愛子『スガモプリズン　戦犯たちの平和運動』吉川弘文館、二〇〇四年
保阪正康『あの戦争は何だったのか』新潮社、二〇〇五年
朝日新聞取材班『戦争責任と追悼』歴史と向き合う1　朝日新聞社　二〇〇六年
日暮吉延『東京裁判』講談社、二〇〇八年

著者プロフィール

小松隆二（こまつ　りゅうじ）

［現・所属］慶應義塾大学（名誉教授）、白梅学園、日本ニュージーランド学会、現代公益学会、社会政策学会
〔主要著作〕『企業別組合の生成』（御茶の水書房）、『社会政策論』（青林書院）、『大正自由人物語』（岩波書店）、『公益とまちづくり文化』（慶應義塾大学出版会）、『公益の種を蒔いた人びと』（東北出版企画）、『理想郷の子供たち――ニュージーランドの児童福祉』、『現代社会政策論』、『ニュージーランド社会誌』、『公益とは何か』、『新潟が生んだ七人の思想家たち』（以上、論創社）

戦争は犯罪である　加藤哲太郎の生涯と思想

2018年6月25日　第1刷発行

著　　者　小松隆二
発 行 者　澤畑吉和
発 行 所　株式会社　春秋社
〒101-0021　東京都千代田区外神田2-18-6
電話　03-3255-9611（営業）
03-3255-9614（編集）
振替　00180-6-24861
http://www.shunjusha.co.jp/
装　　丁　中山銀士＋金子暁仁
印 刷 所　株式会社 太平印刷社
製 本 所　ナショナル製本協同組合

ISBN 978-4-393-44167-1　定価はカバー等に表示してあります